Dinkelsbühl

Ein Streifzug

Bettina Bauch

&

Eckhard Schmittner

Impressum

© 2018, Bettina Bauch & Eckhard Schmittner

Titel: Dinkelsbühl Ein Streifzug

Fotografen Bettina Bauch, Eckhard Schmittner

Covergestaltung: Bauch/Schmittner

Alle Rechte vorbehalten

Für zwei liebe Stadtführer

Simona B.

und

Thorsten S.

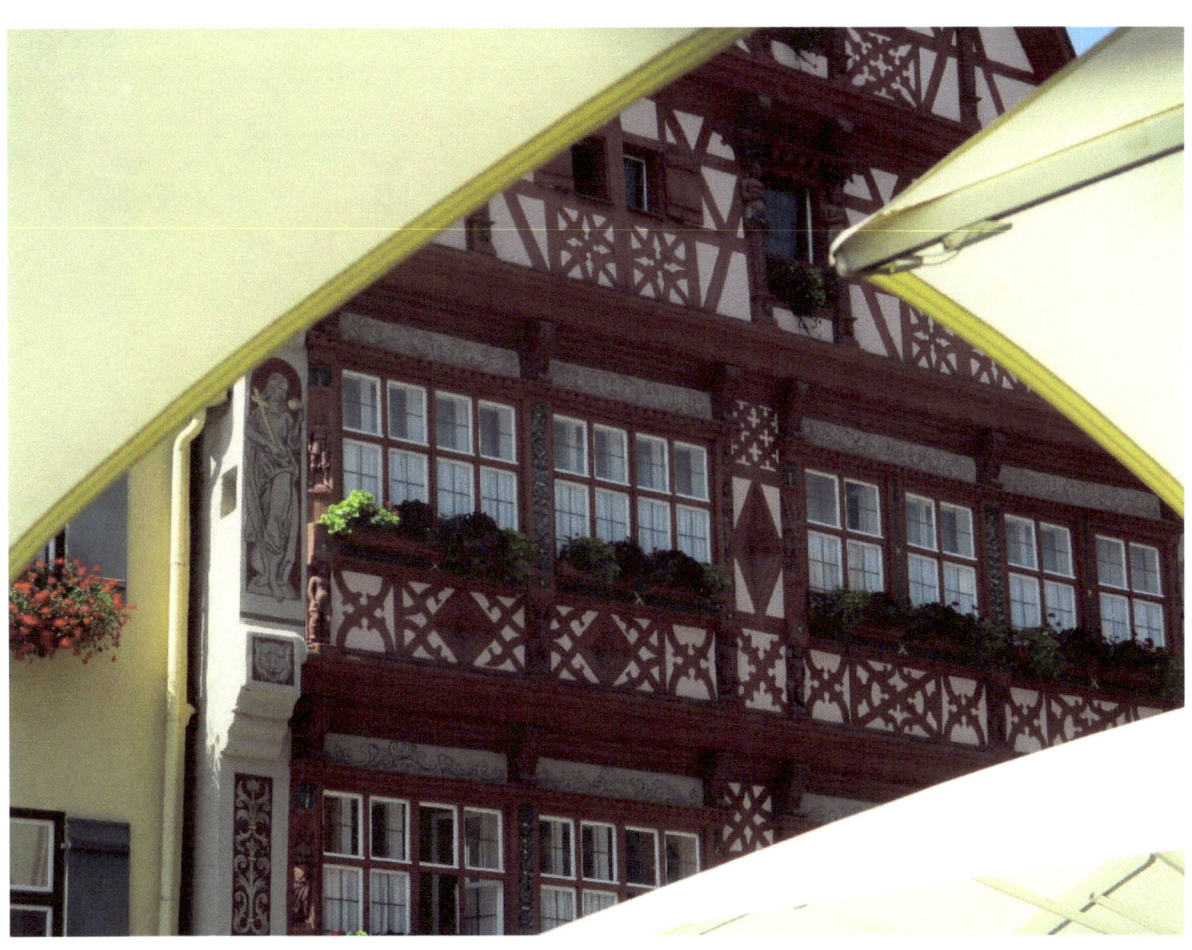
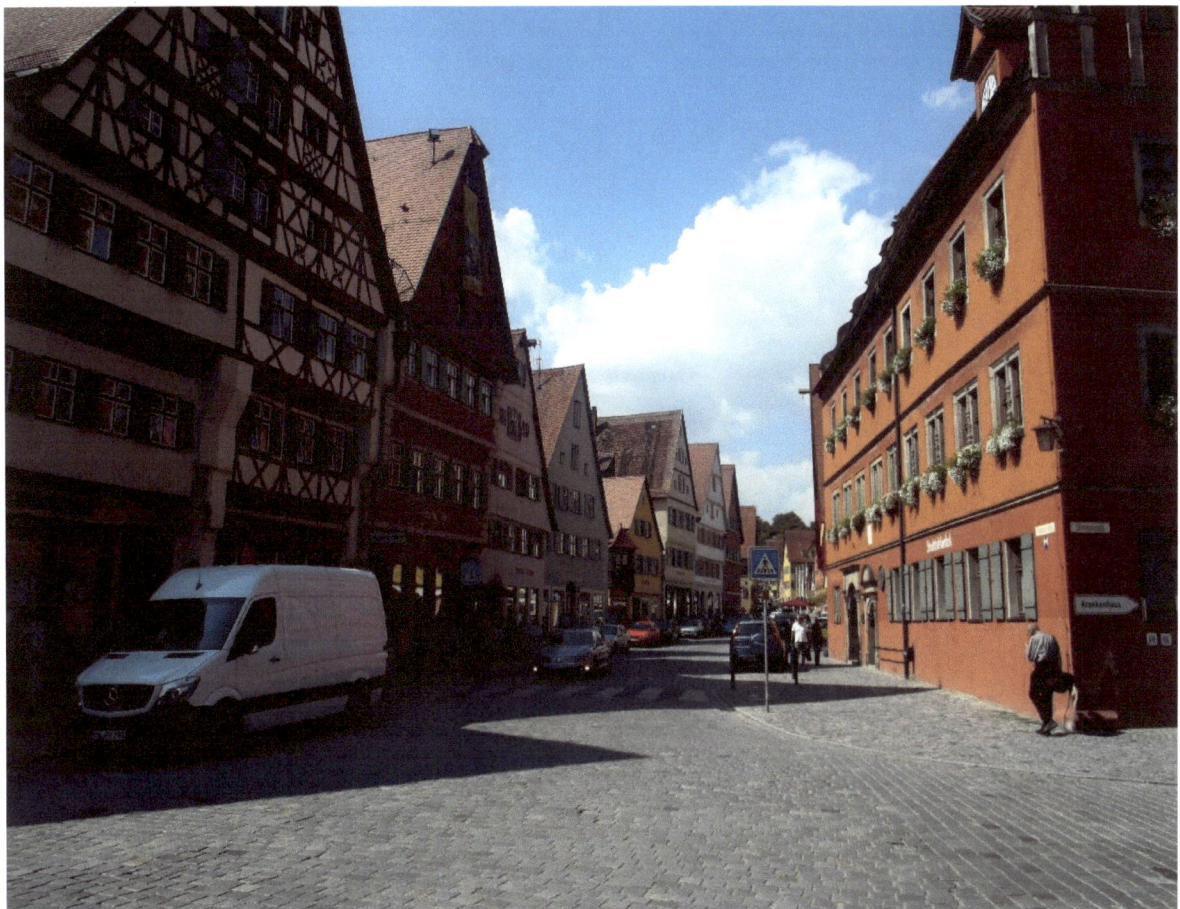

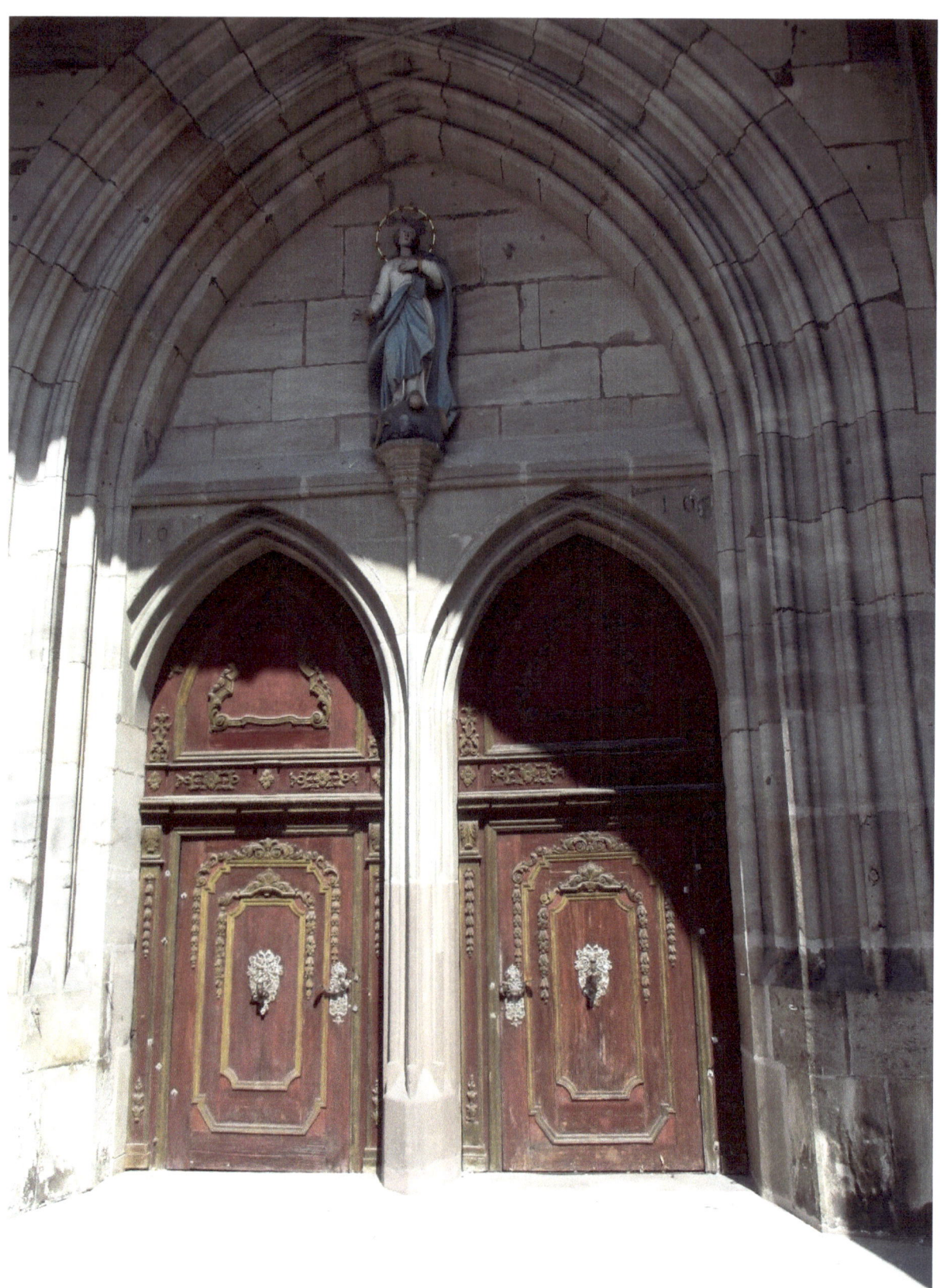

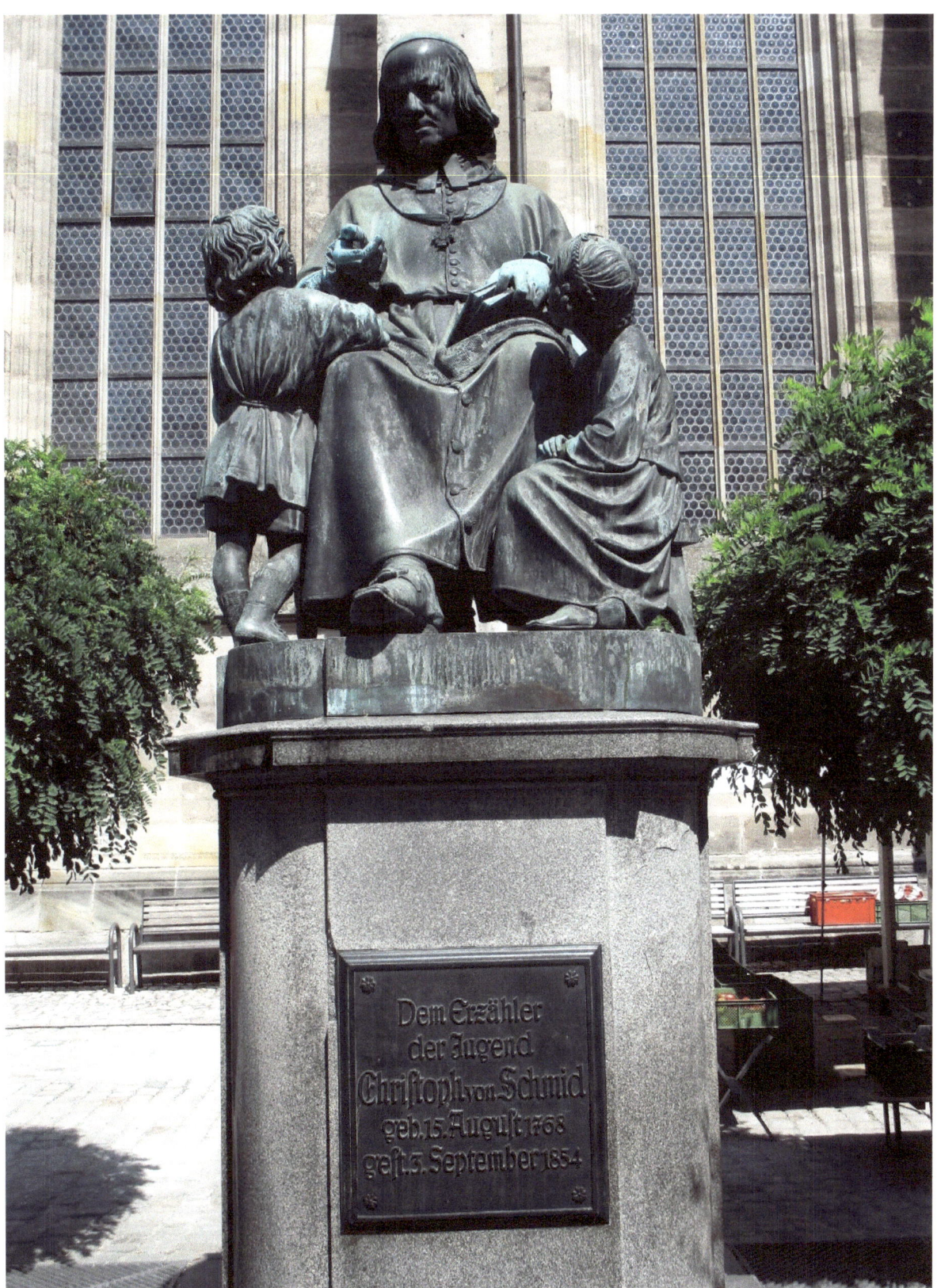

Dem Erzähler
der Jugend
Christoph von Schmid
geb. 15. August 1768
gest. 3. September 1854

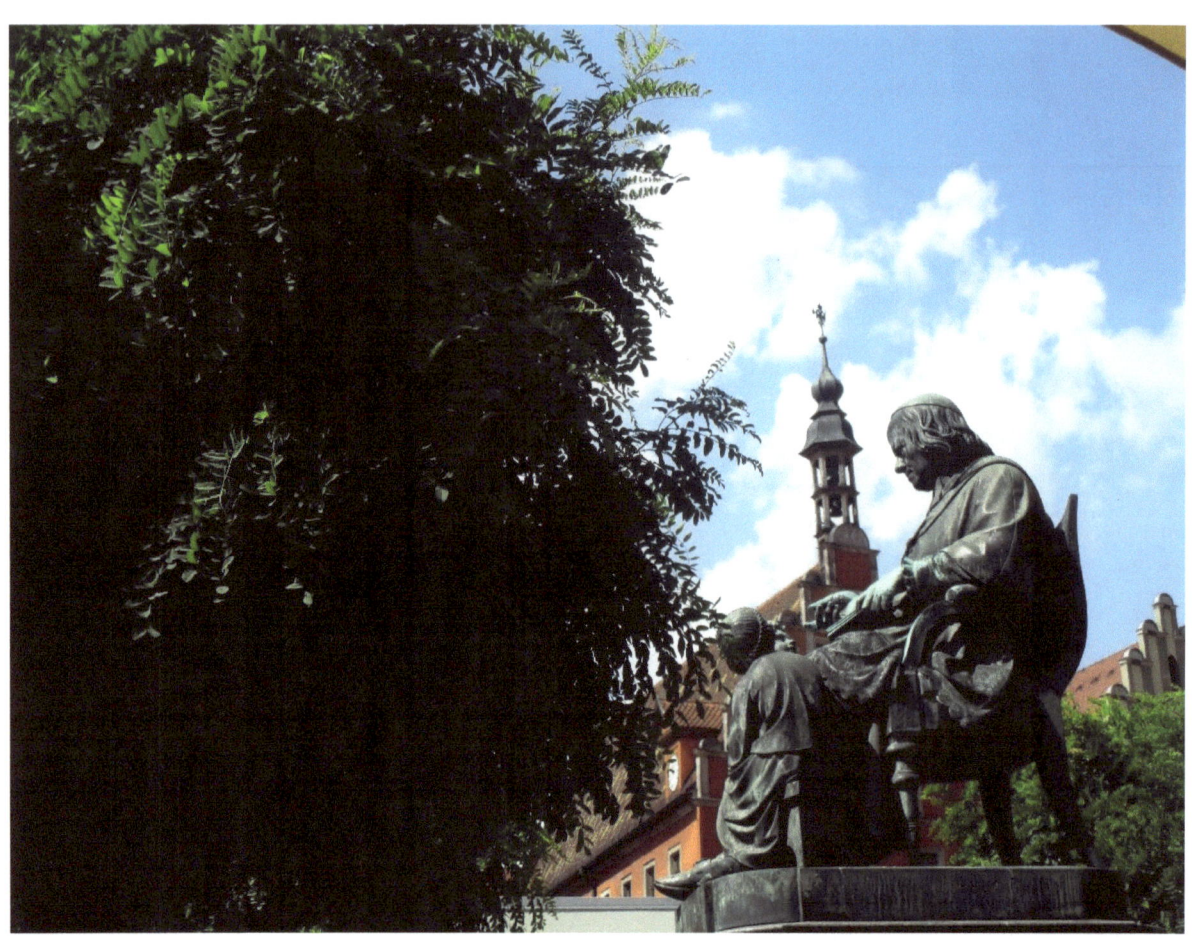

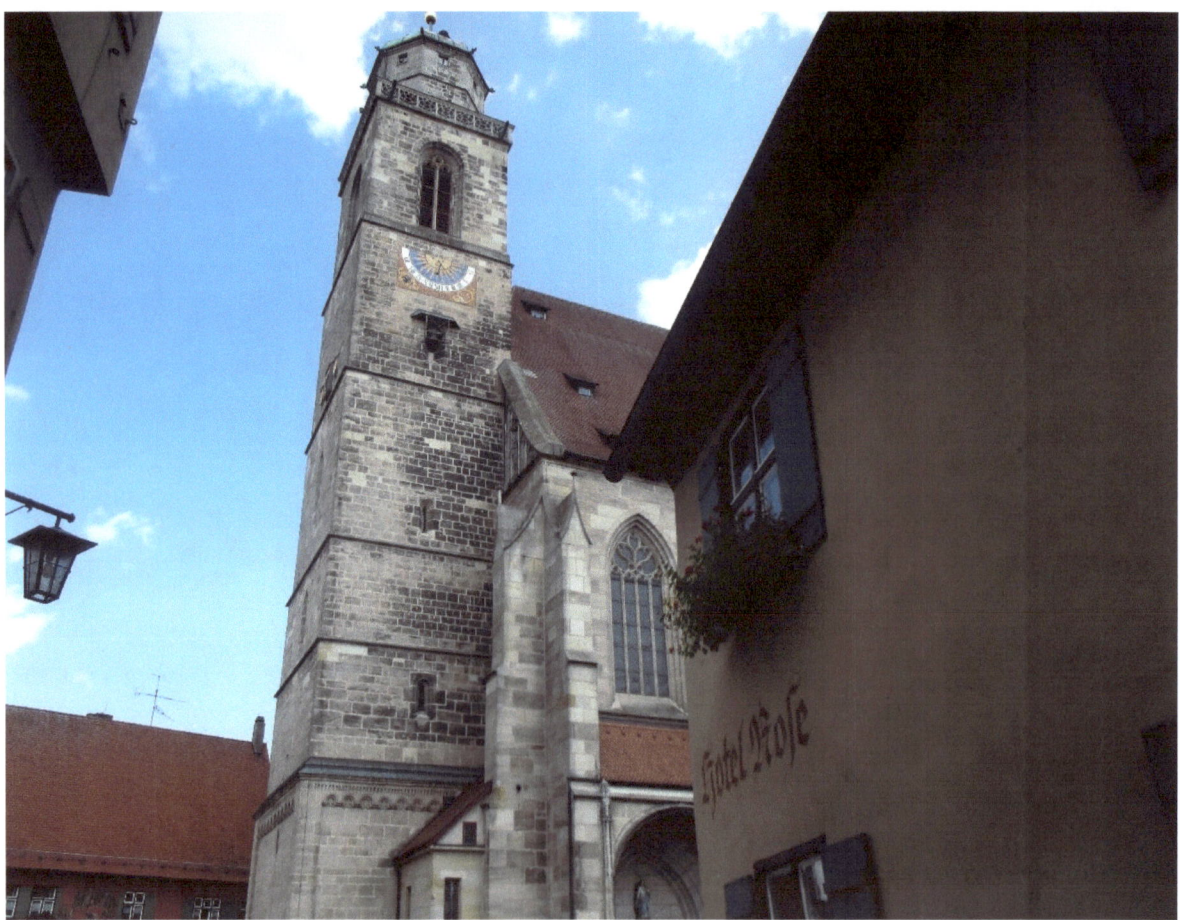

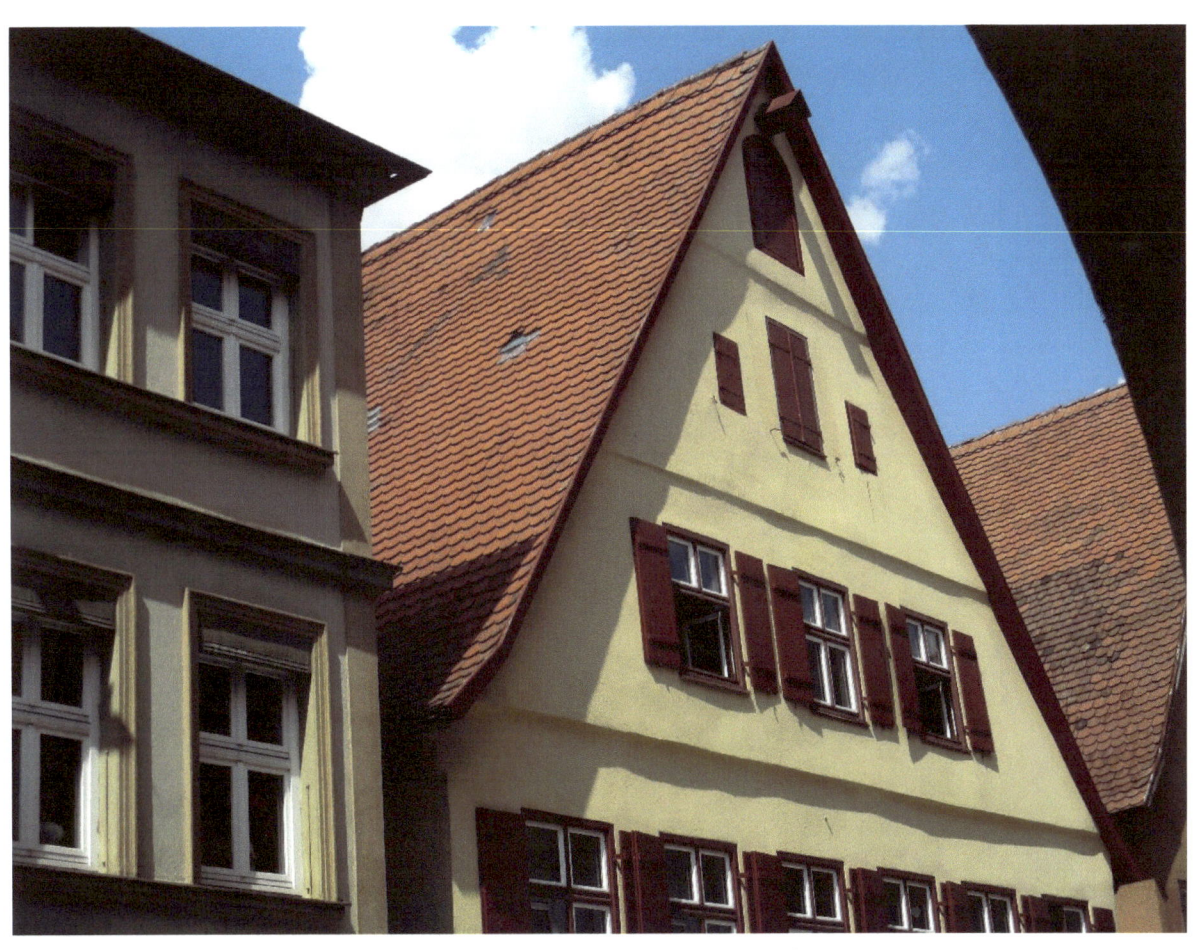
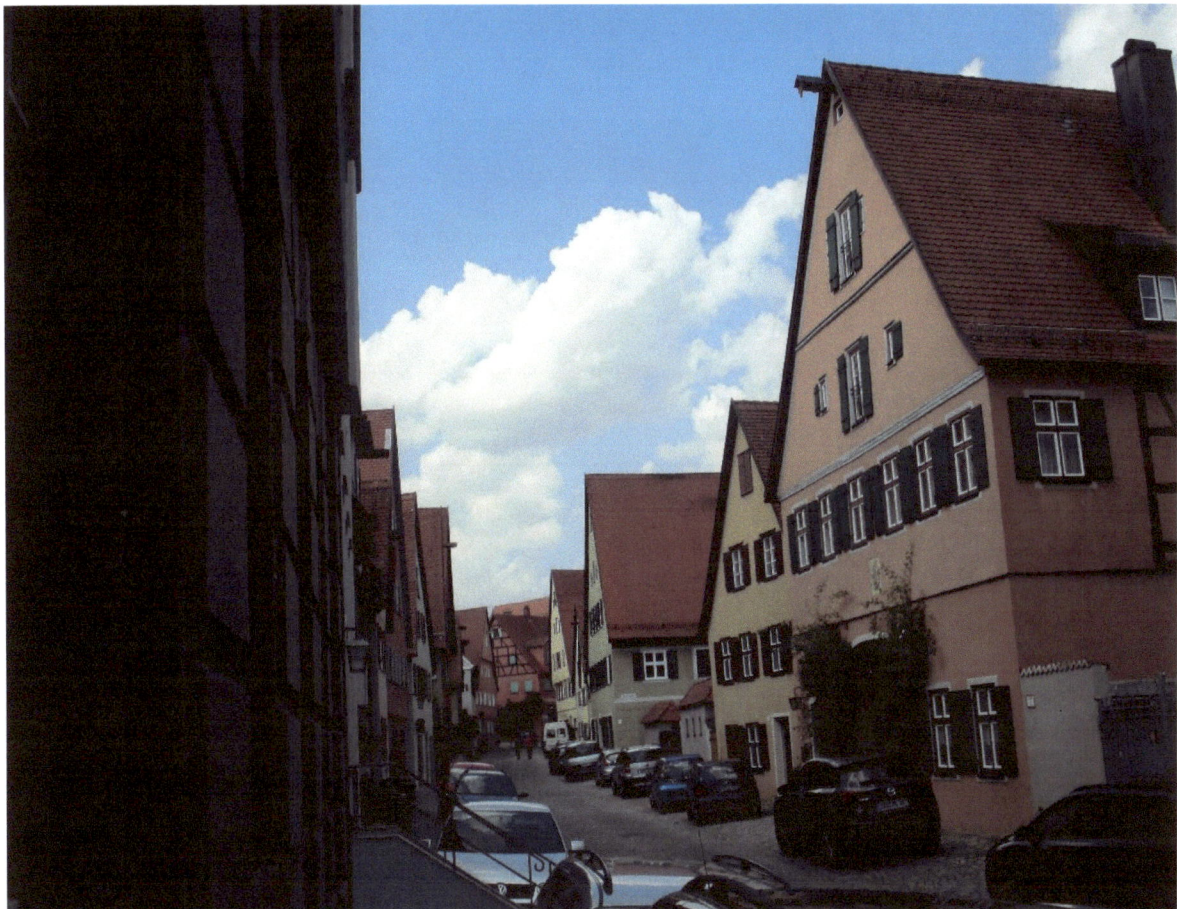

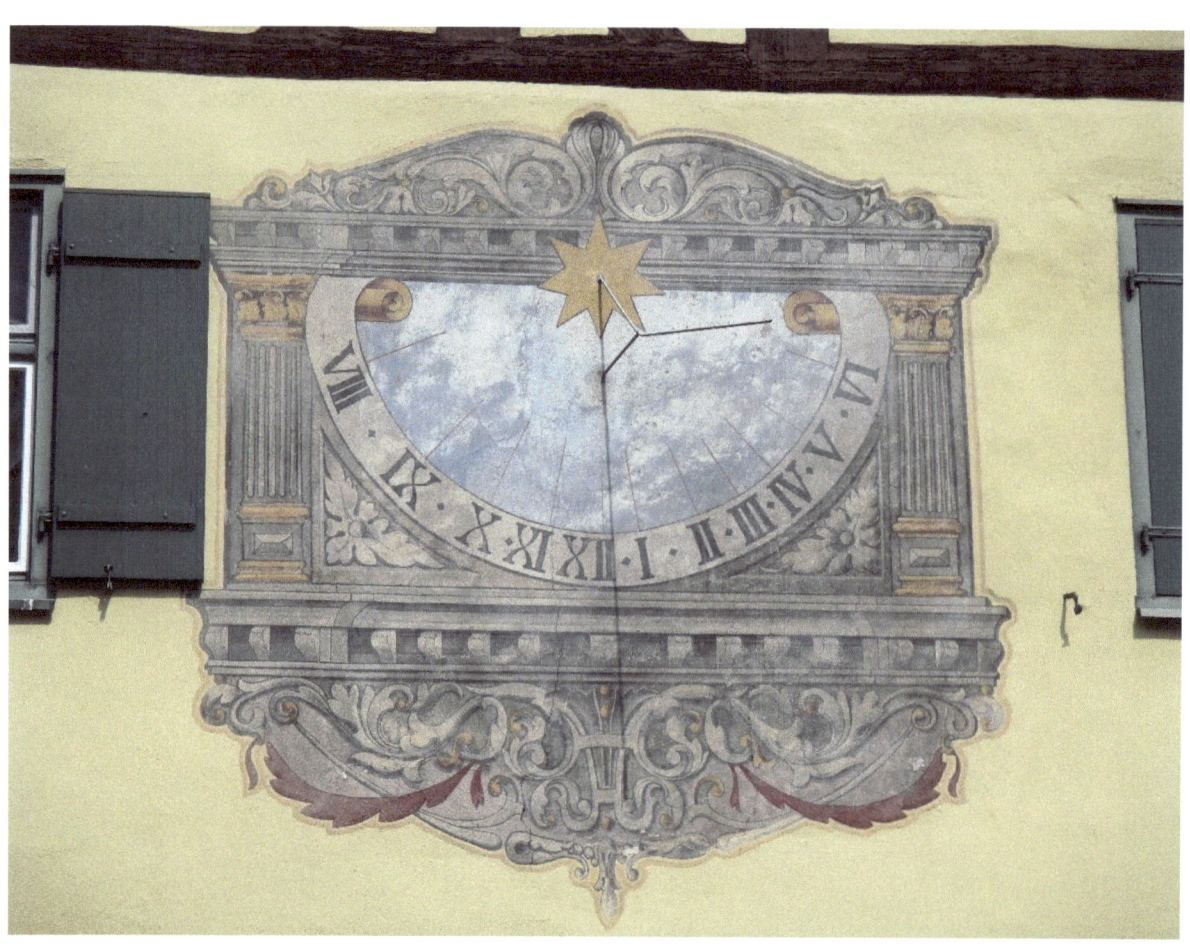
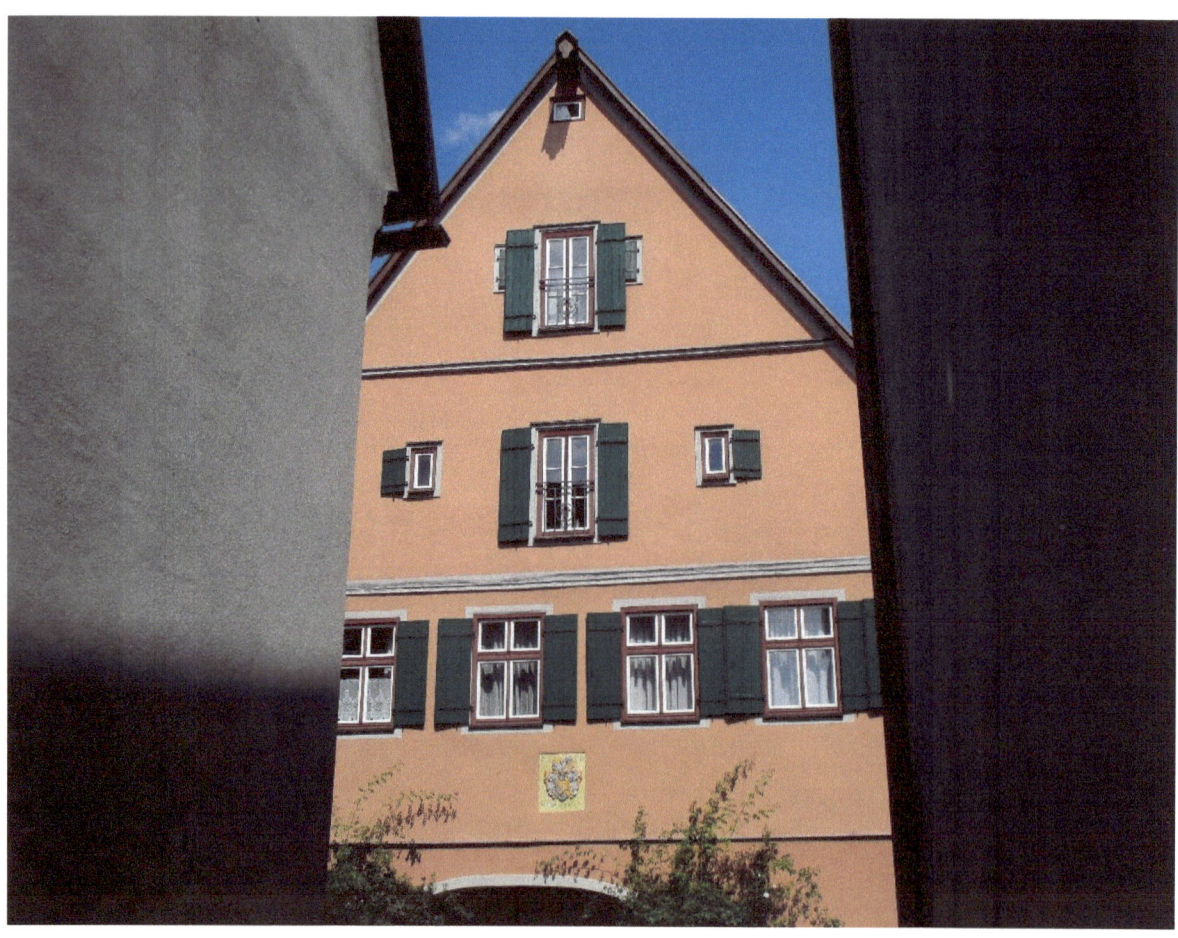

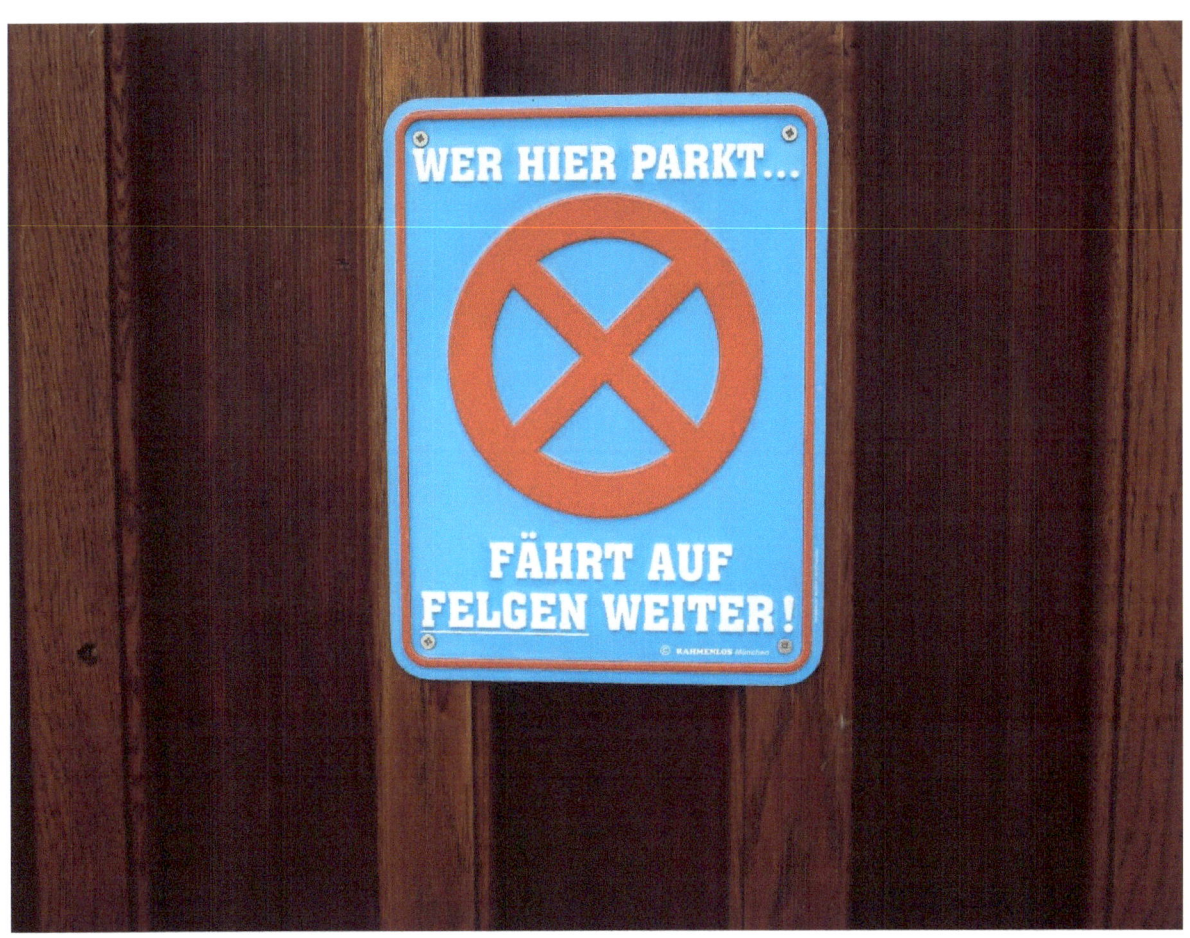

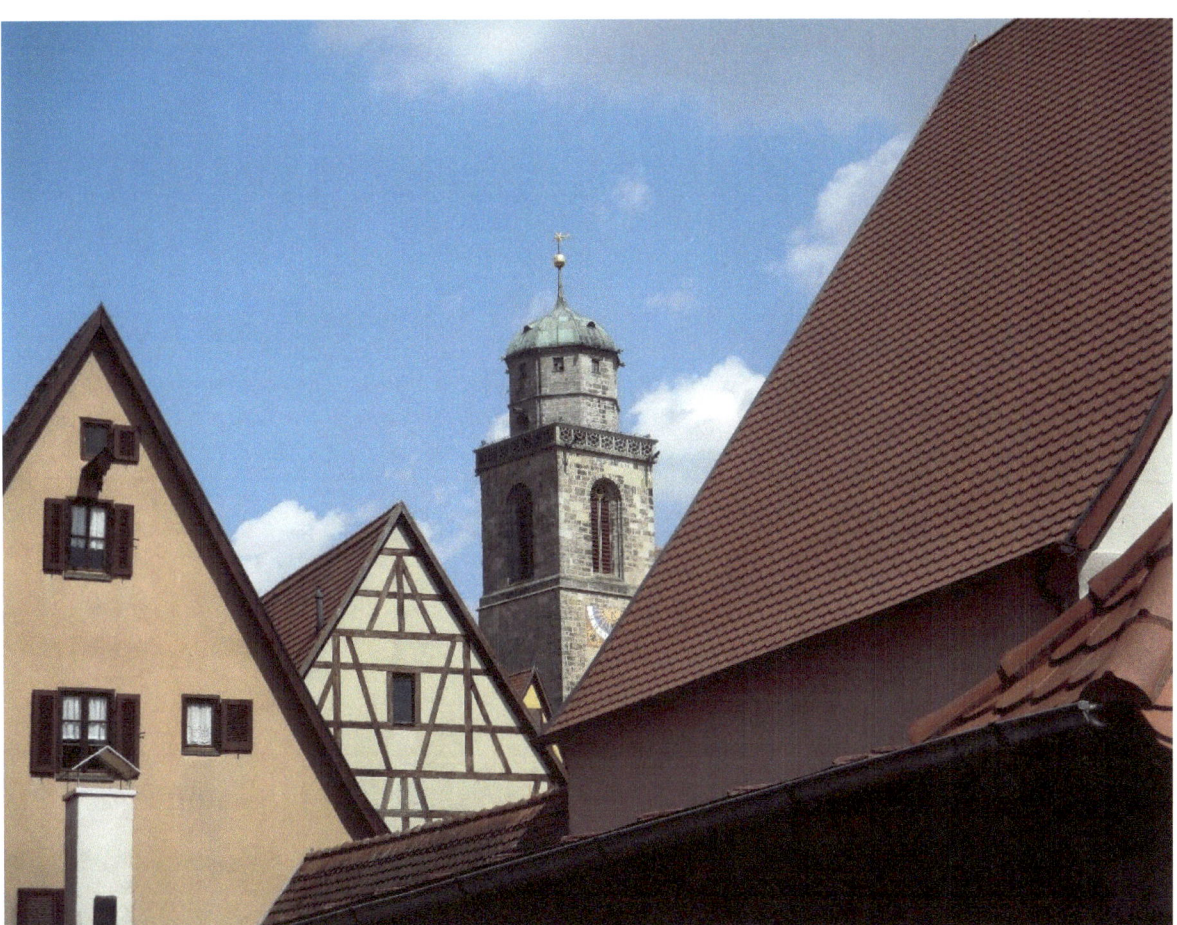

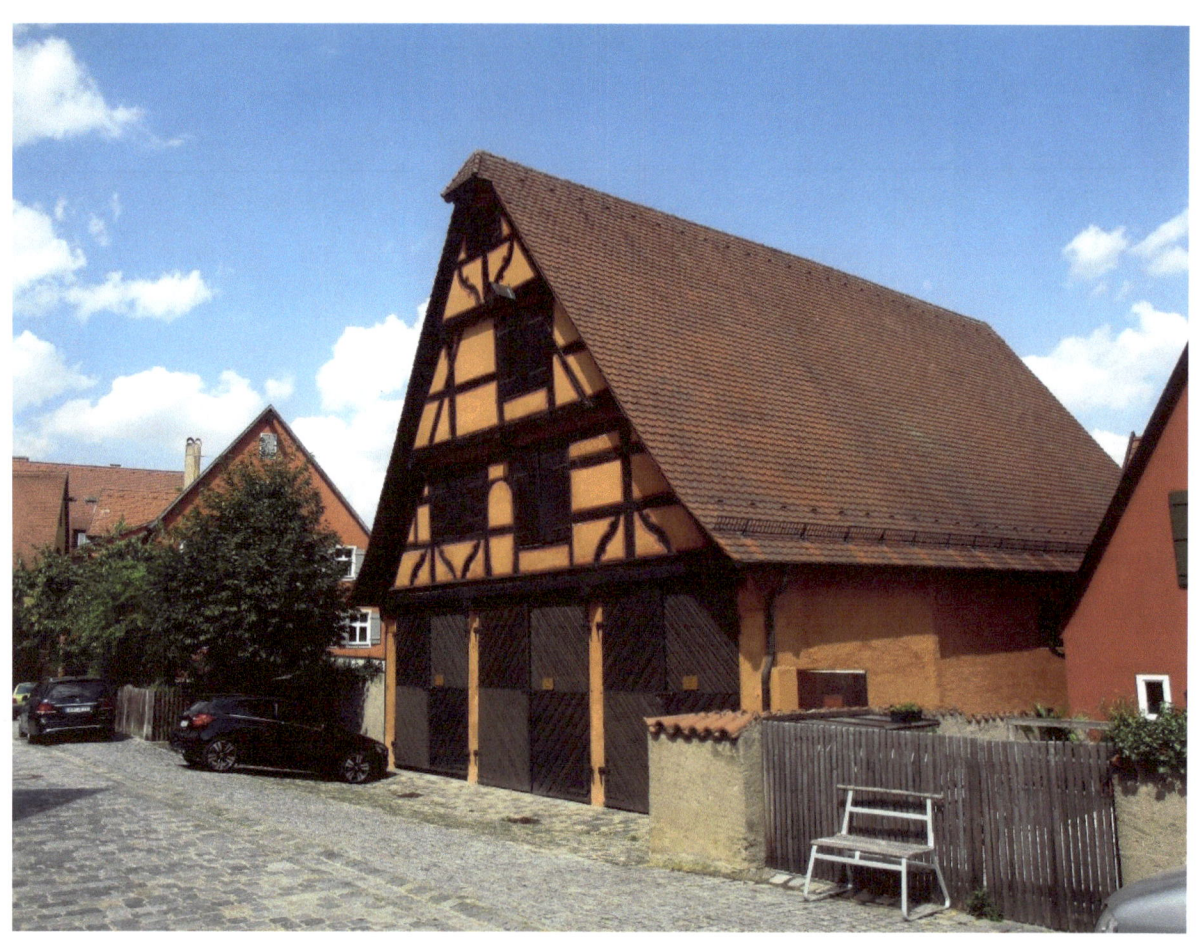
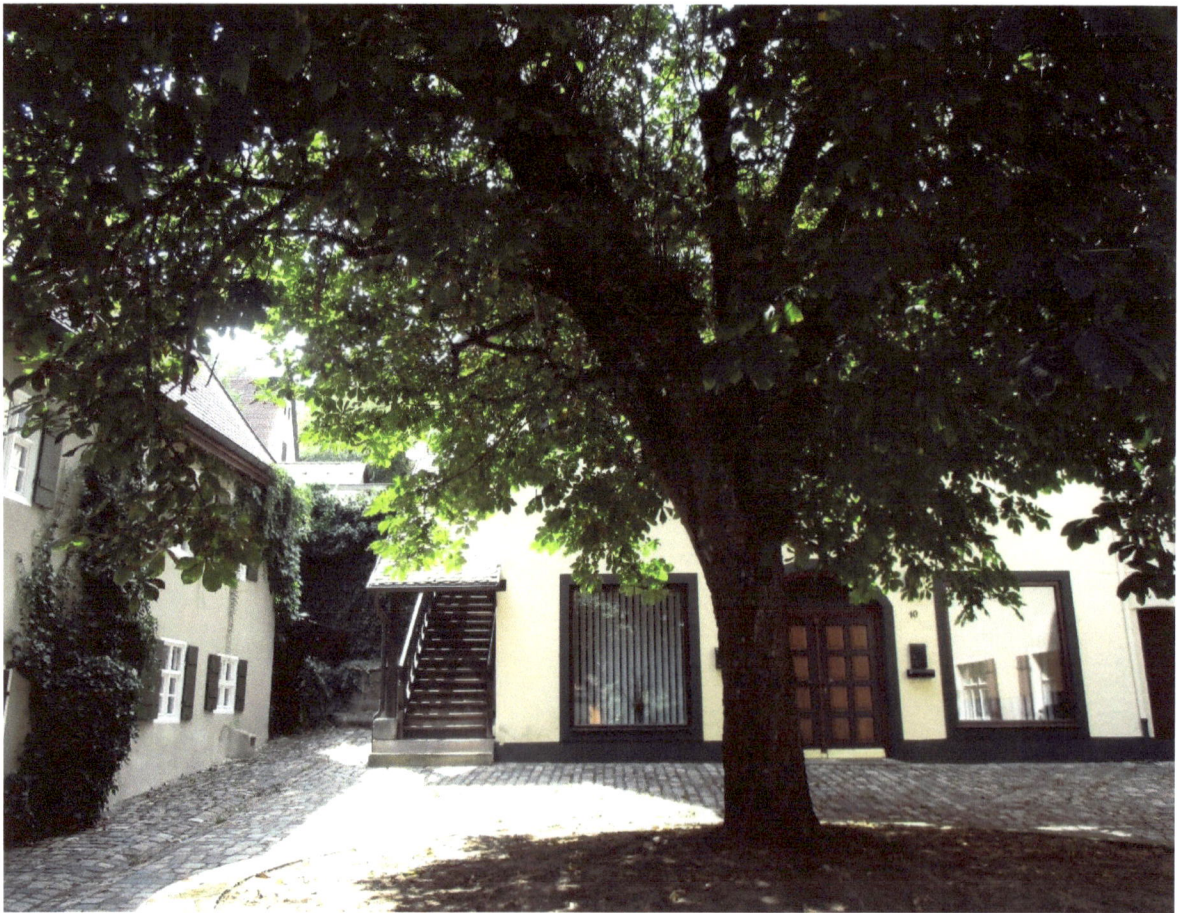

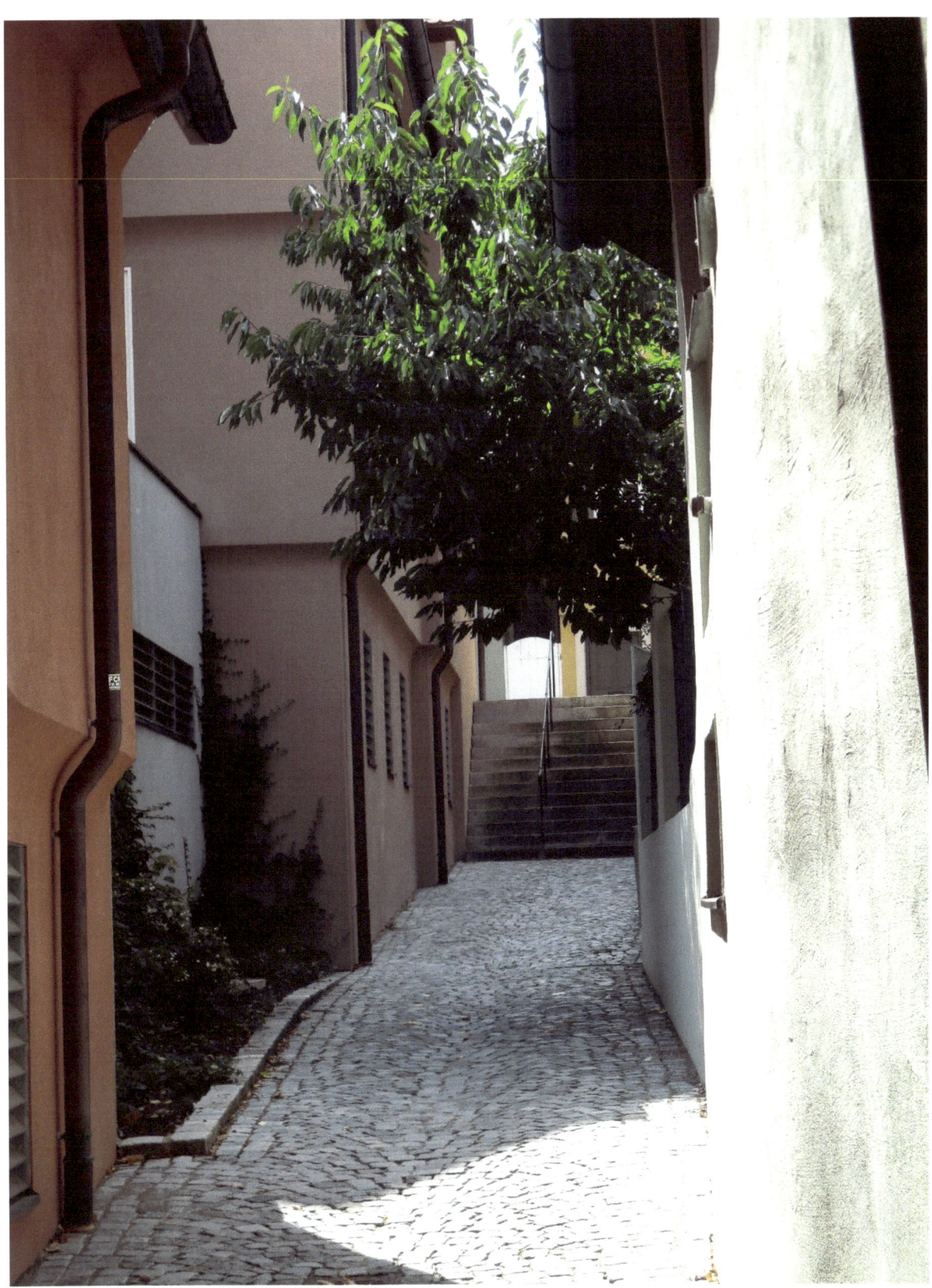

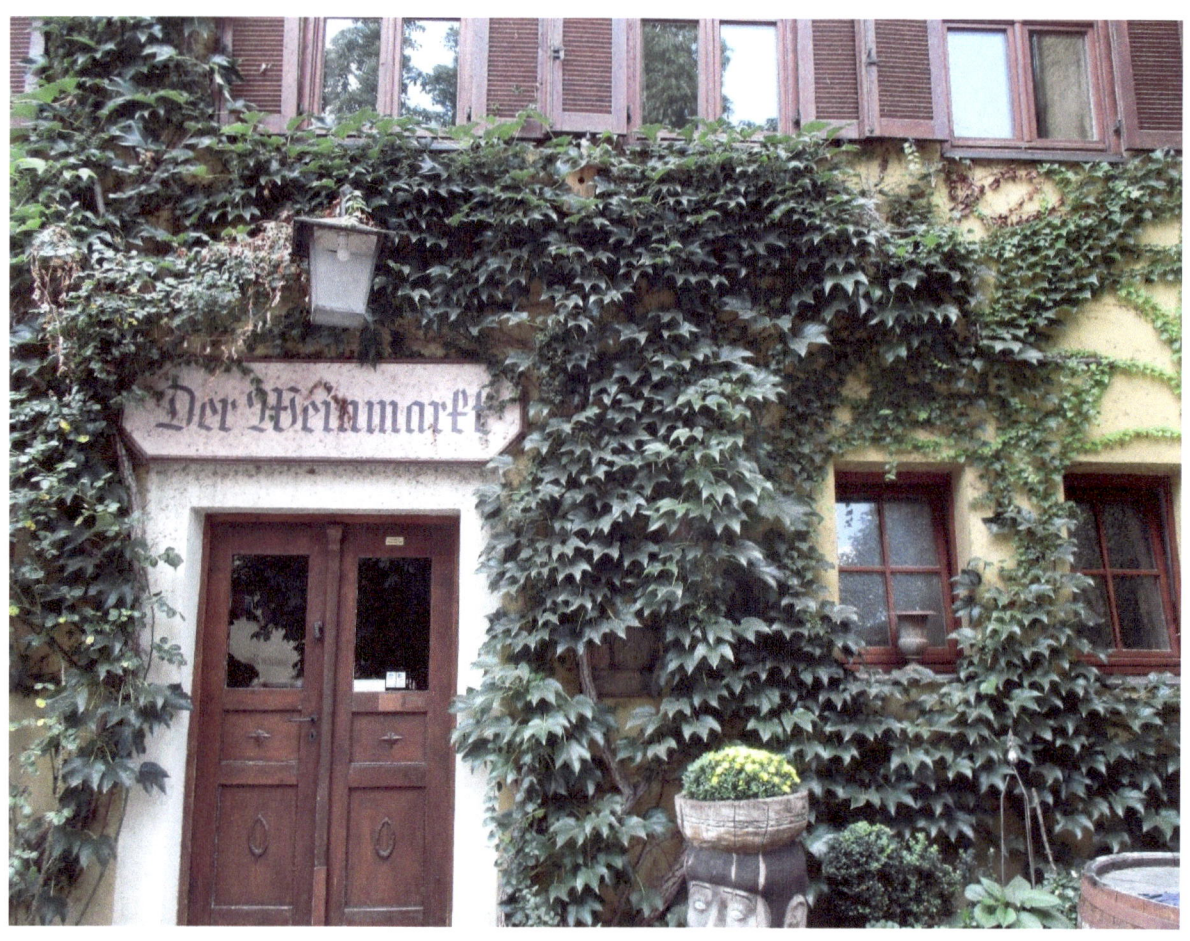

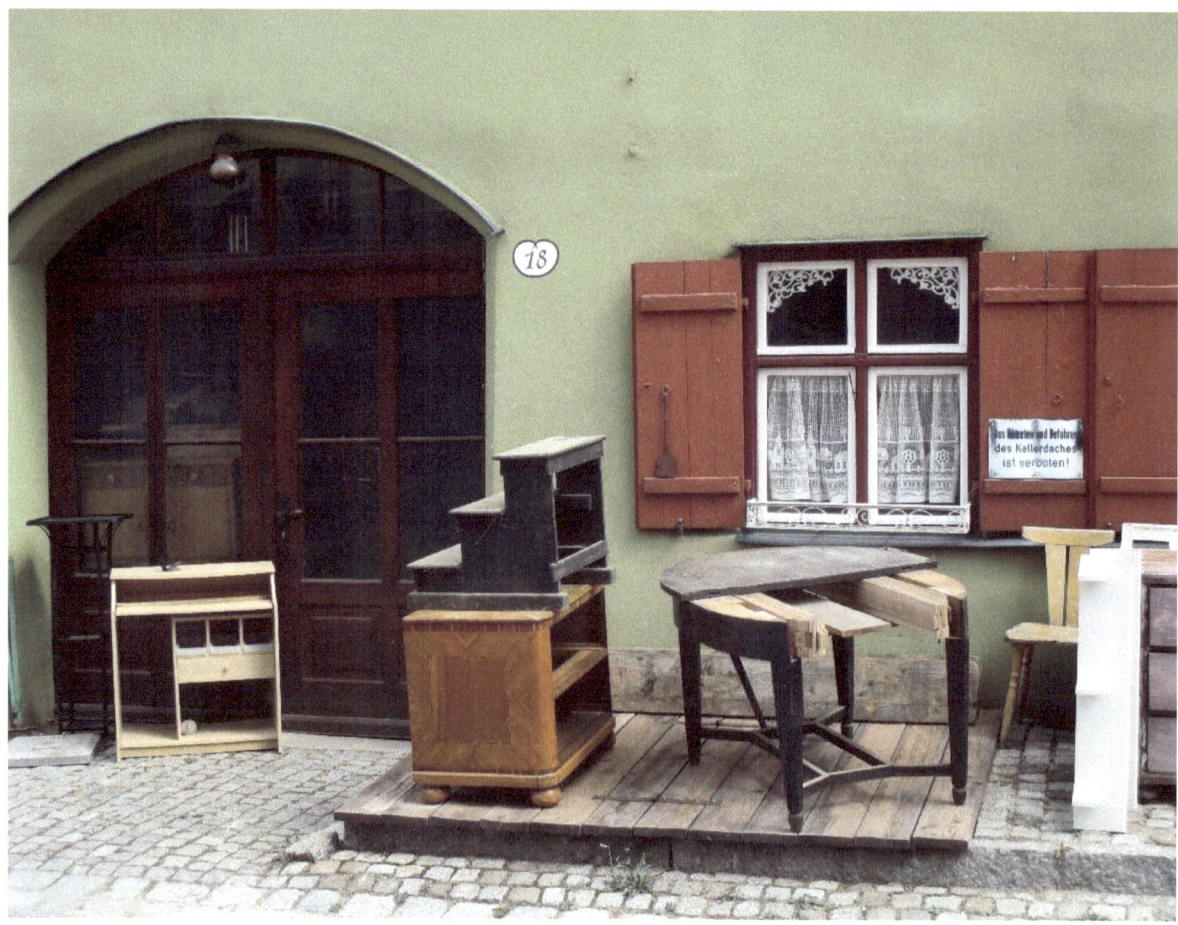

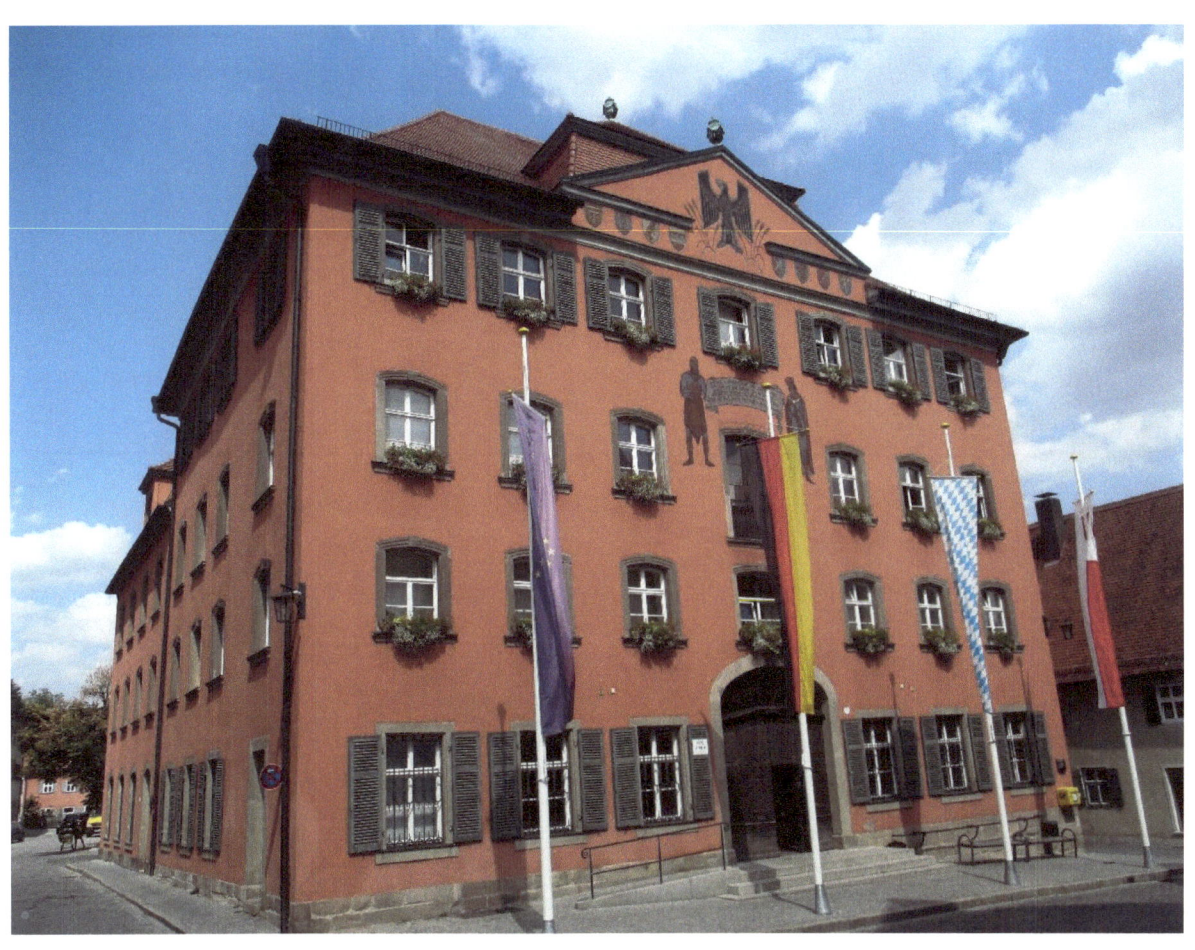

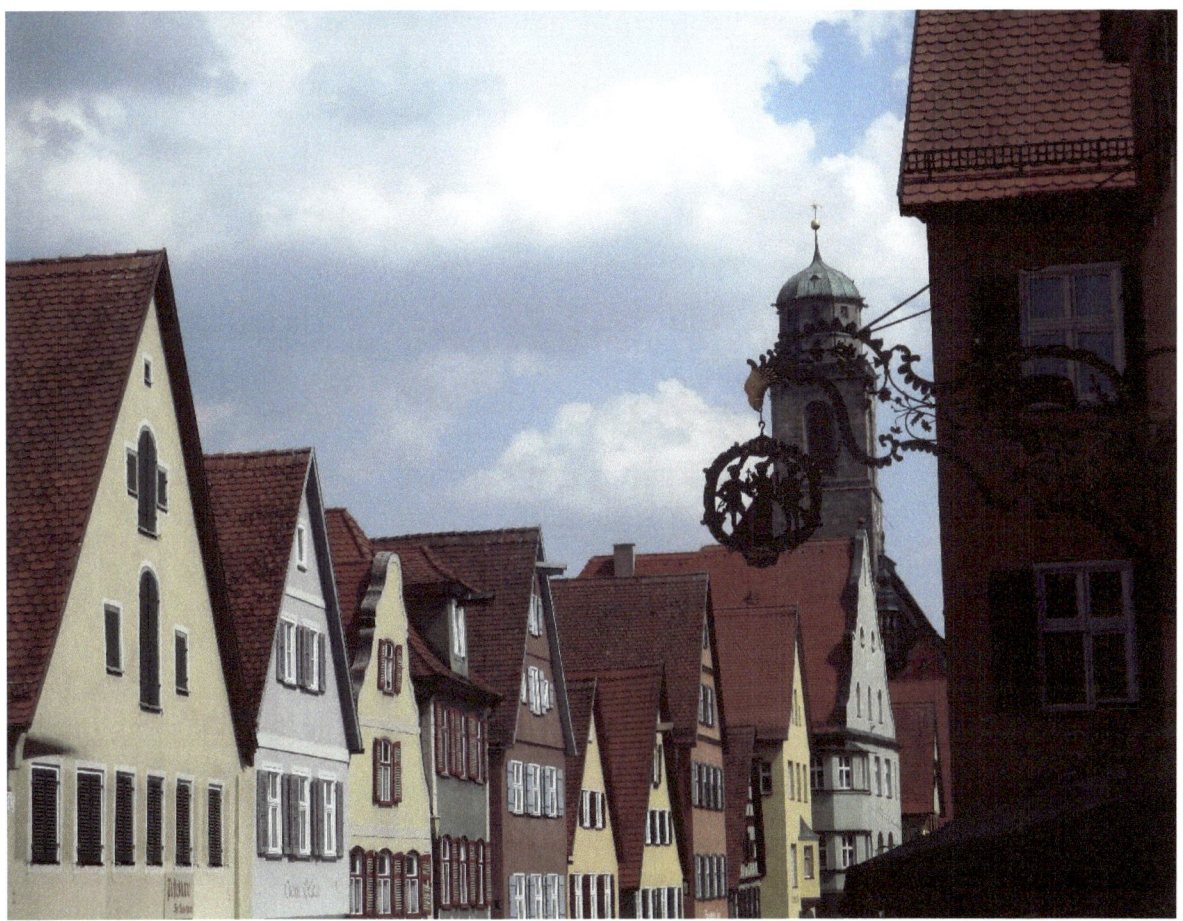

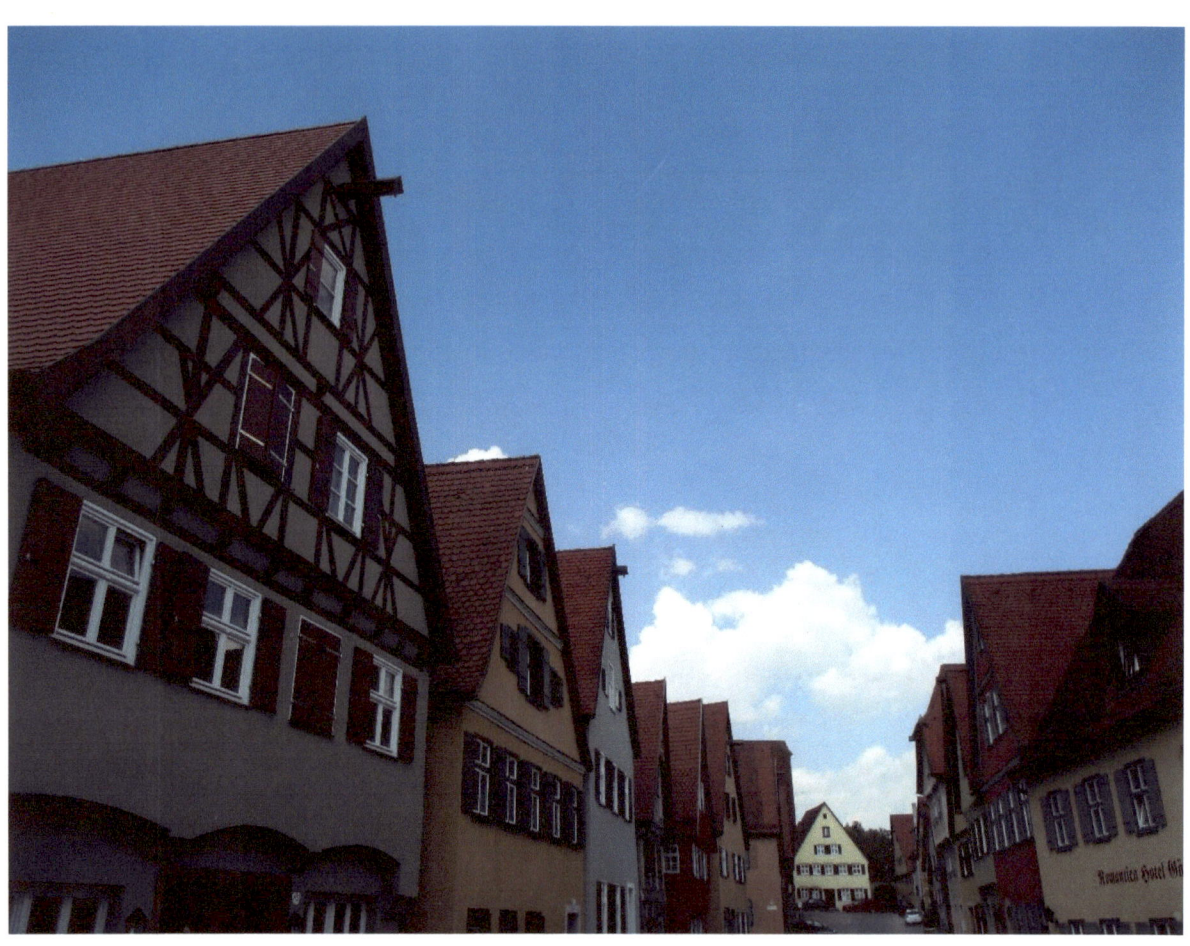
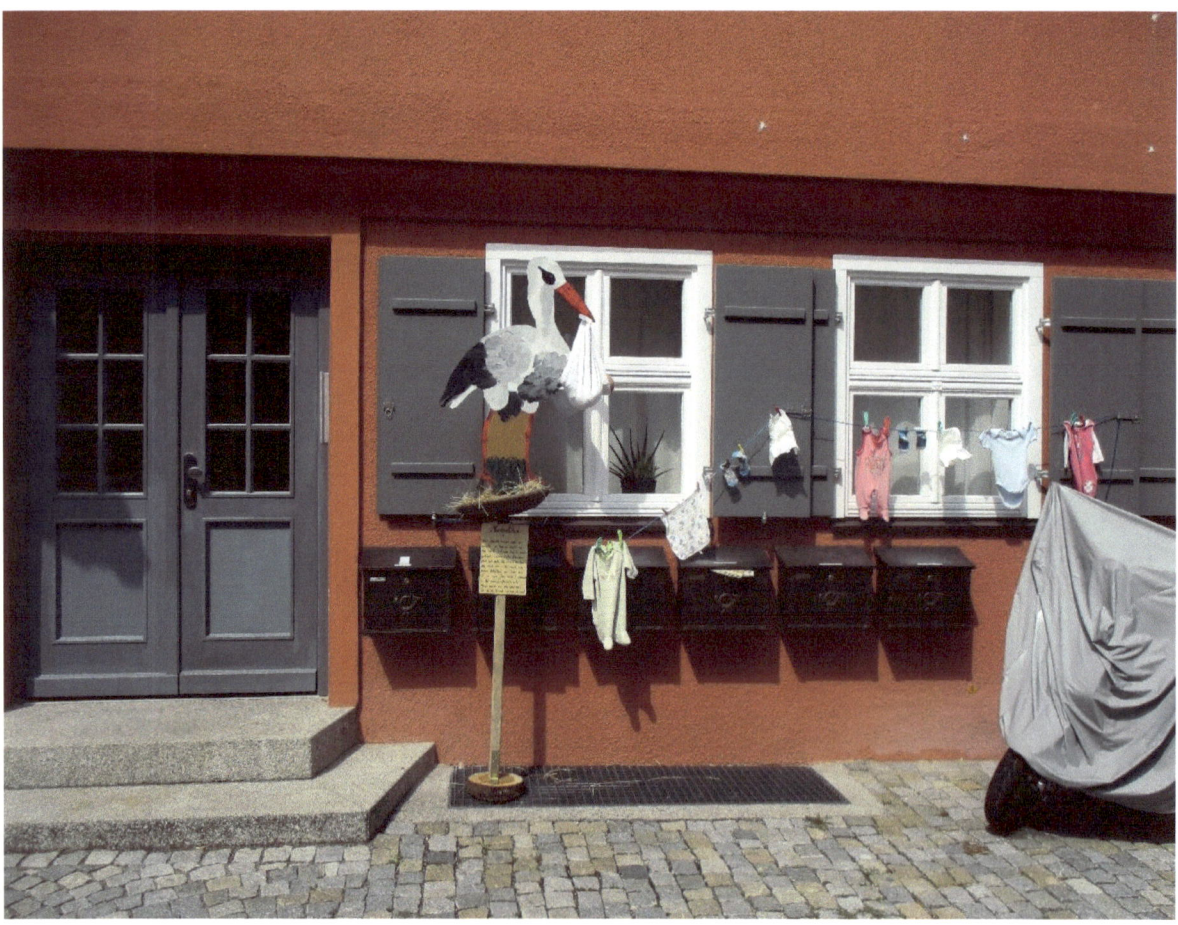

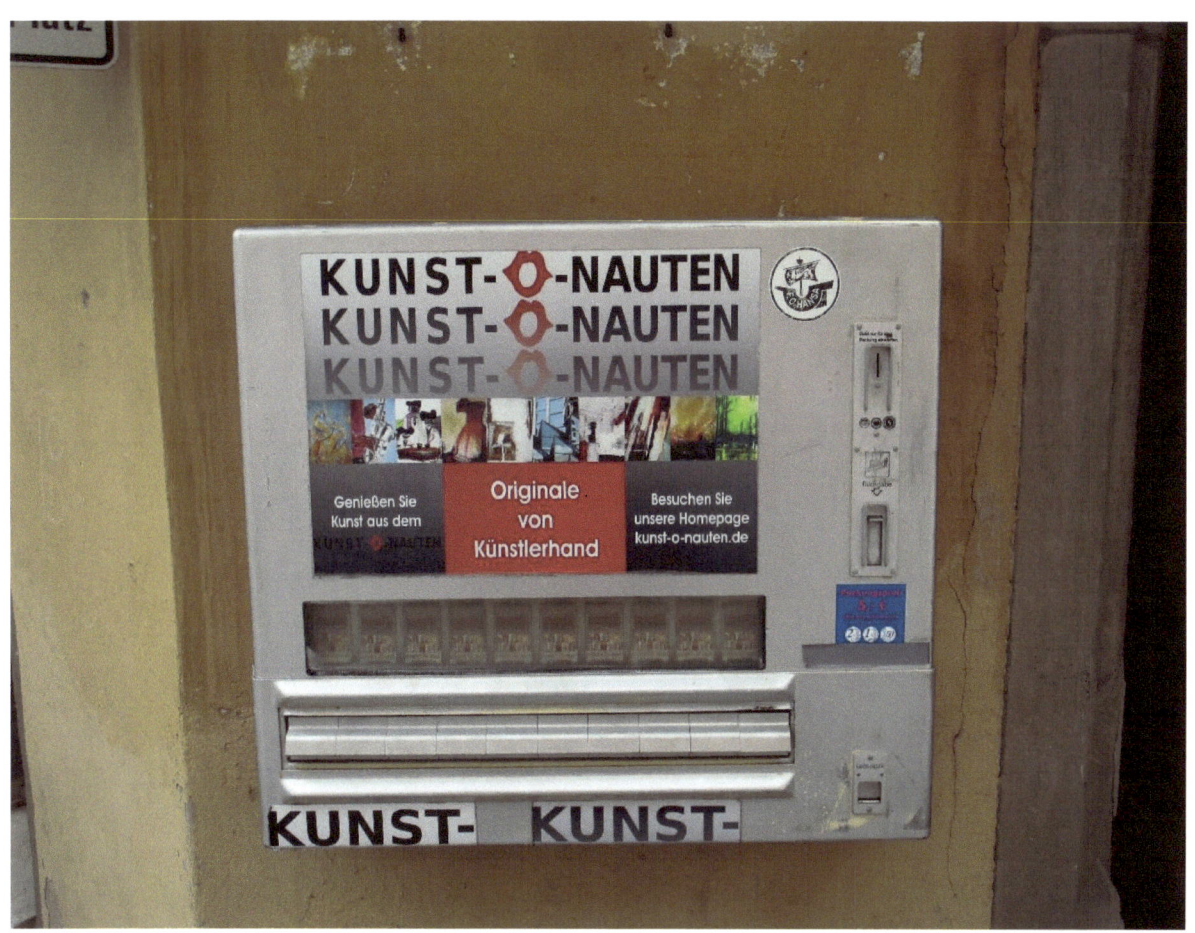

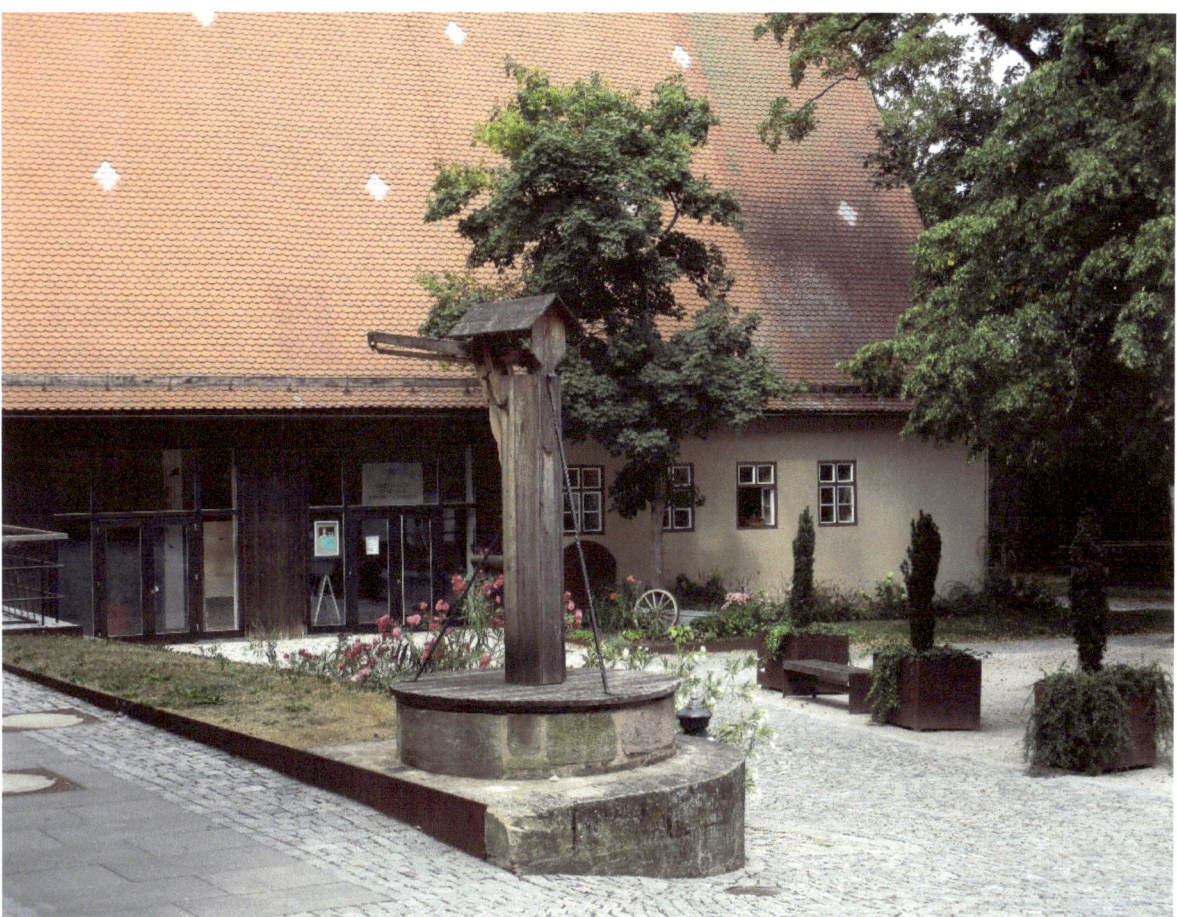

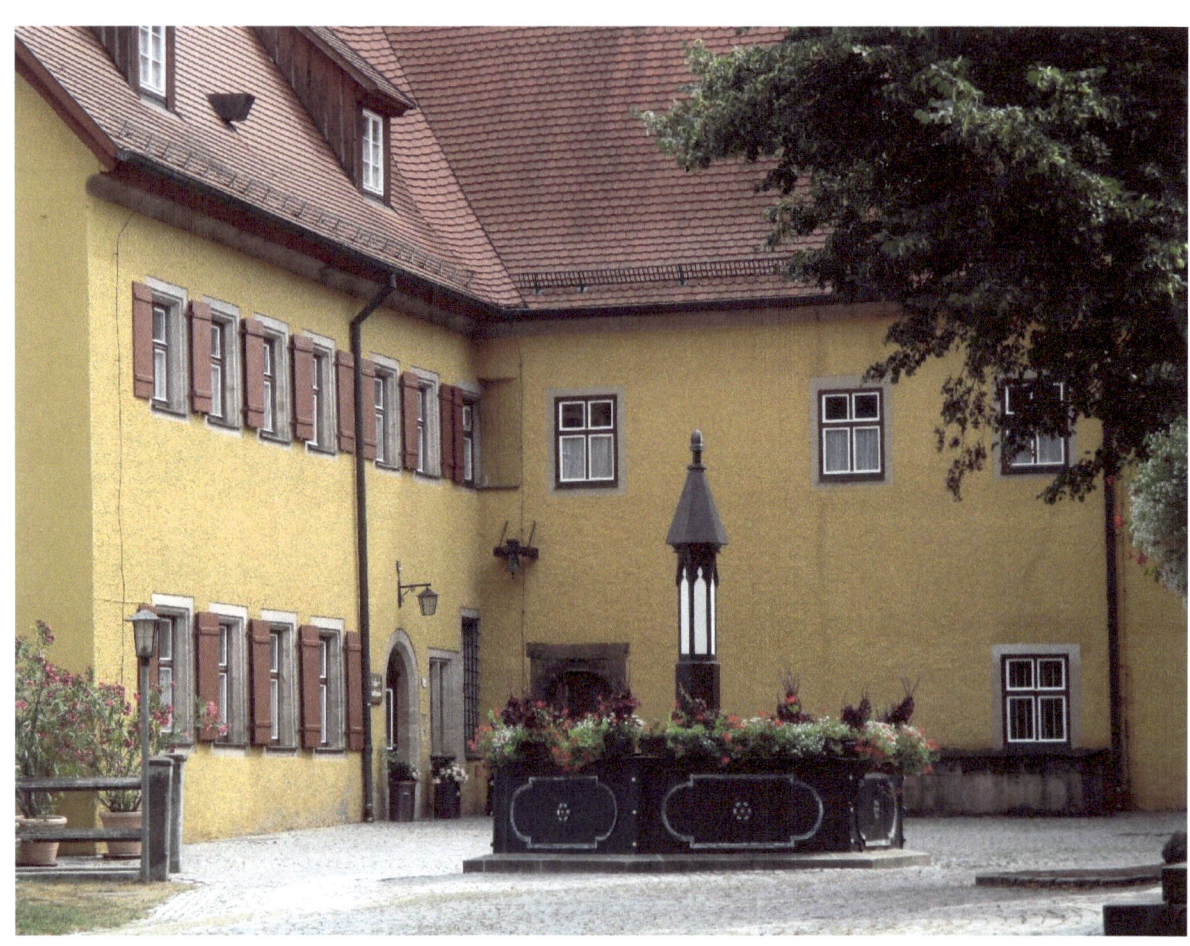
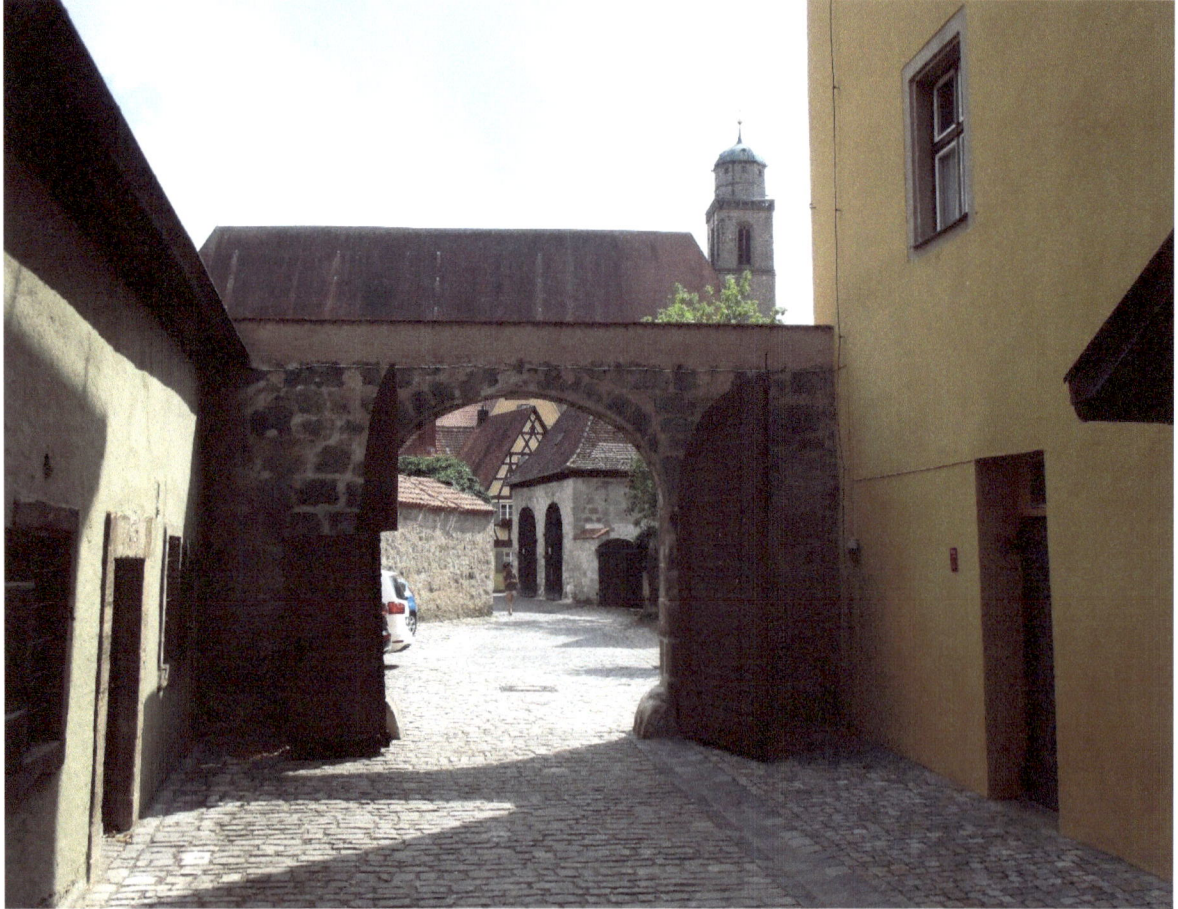

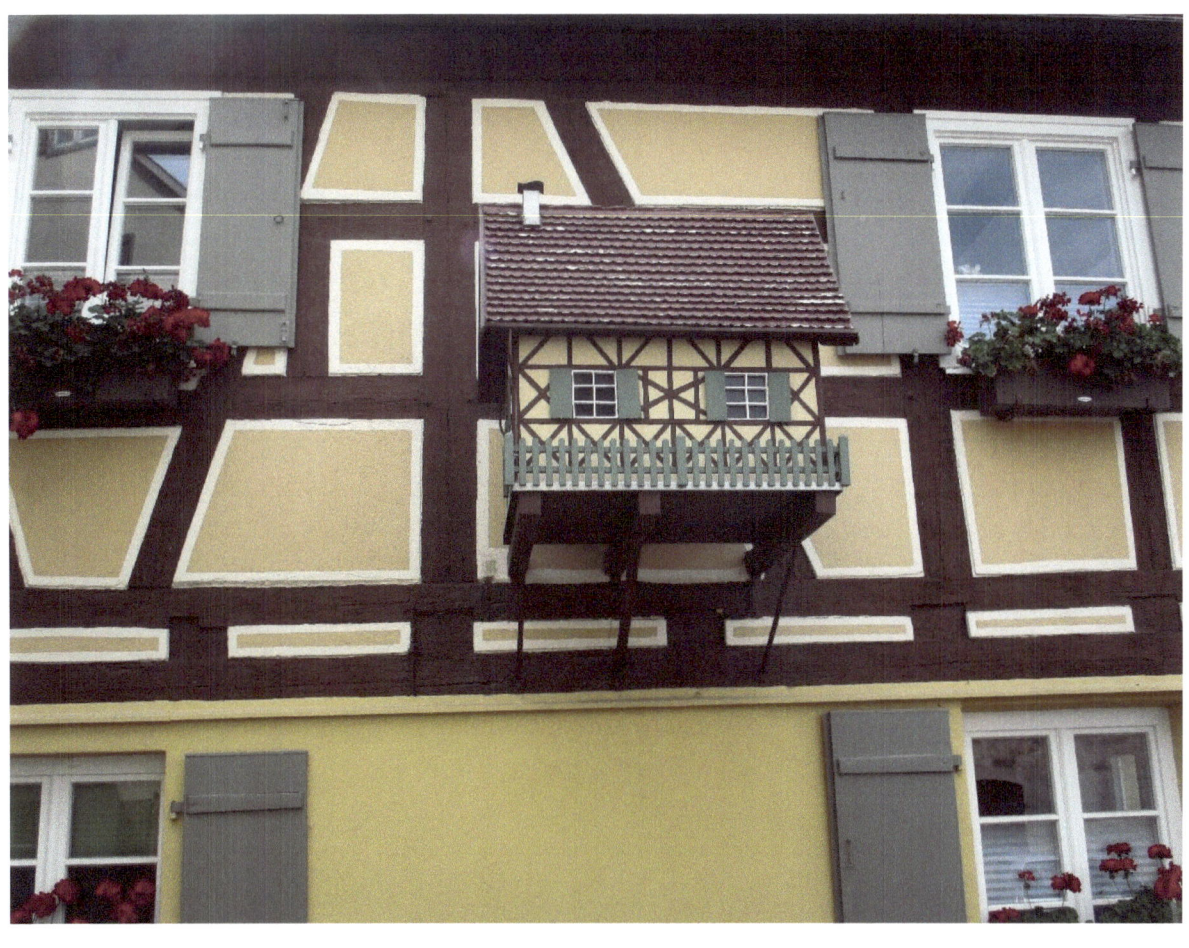
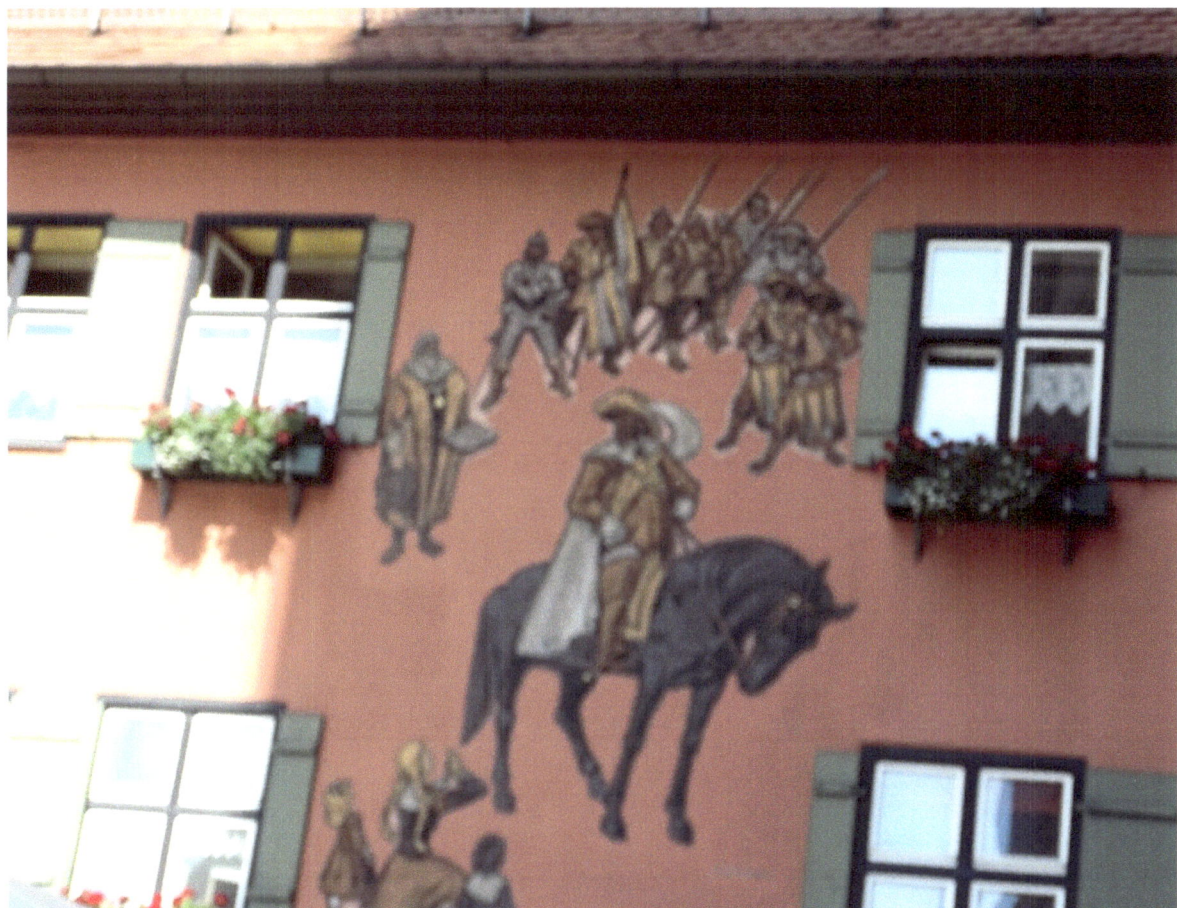

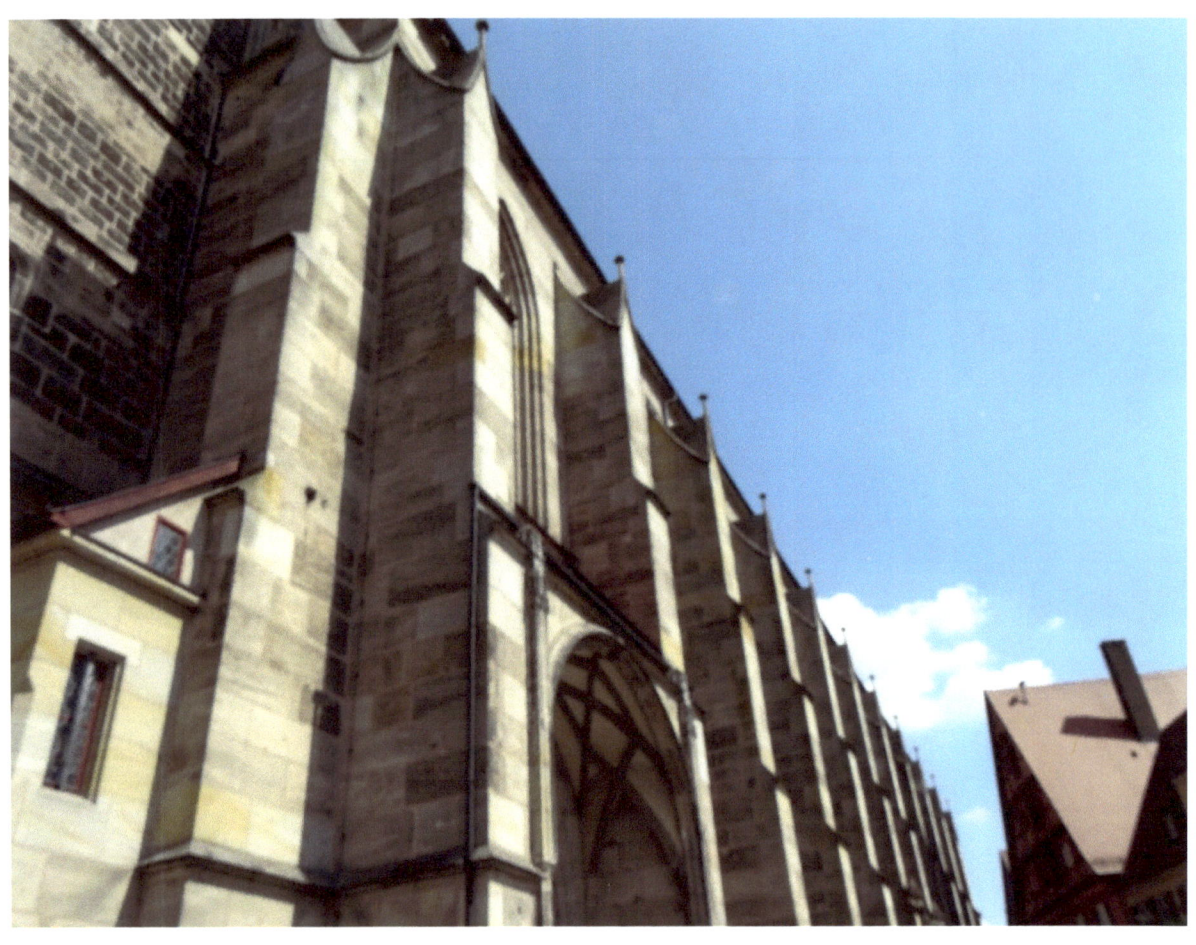
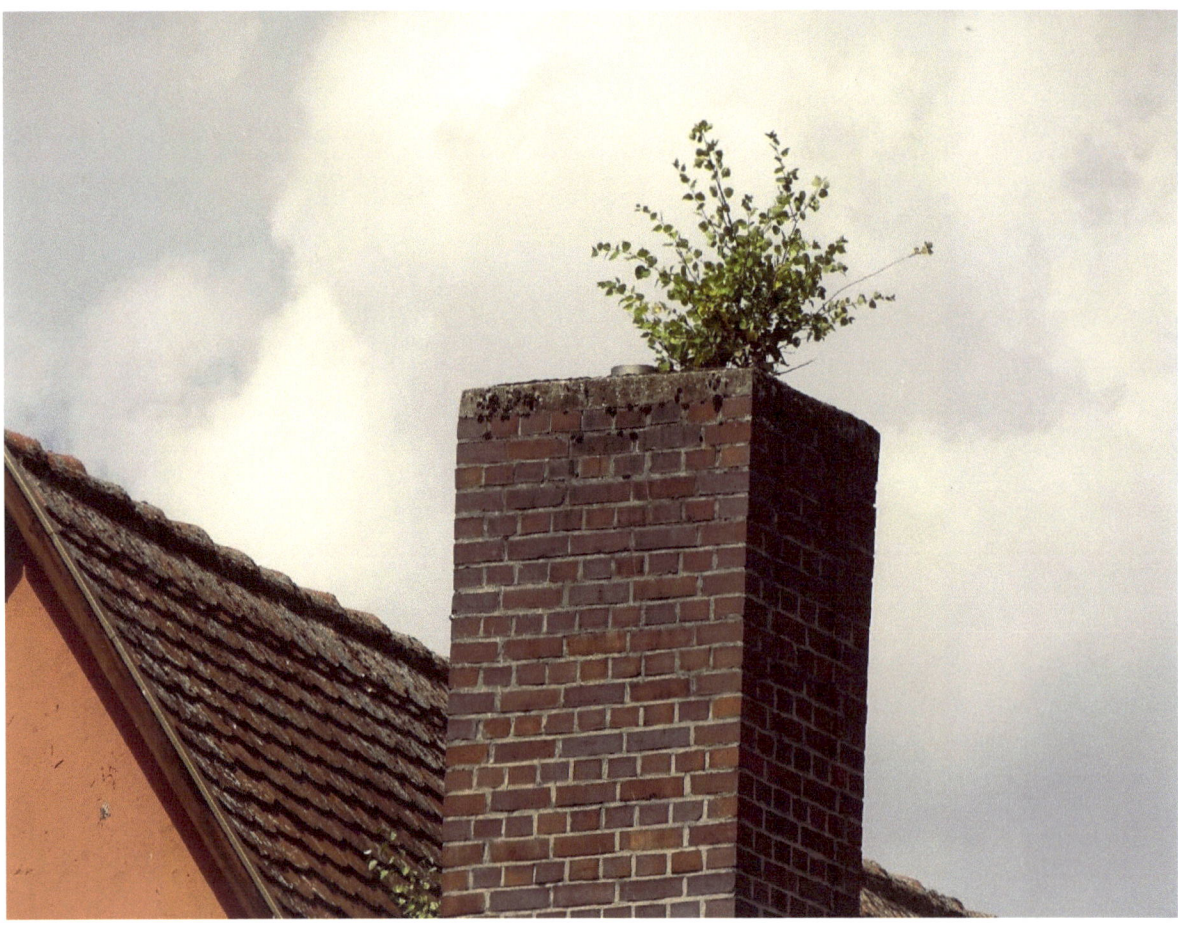

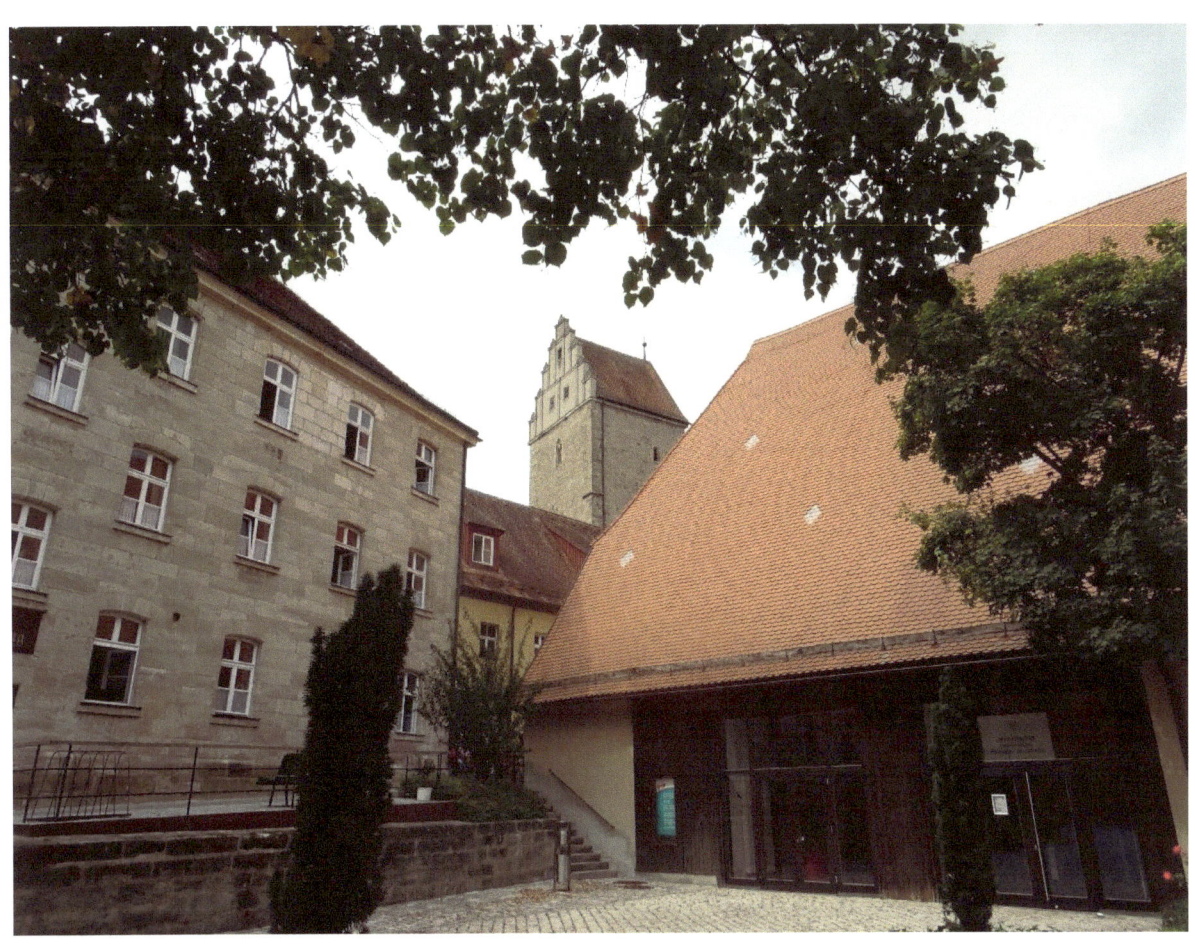

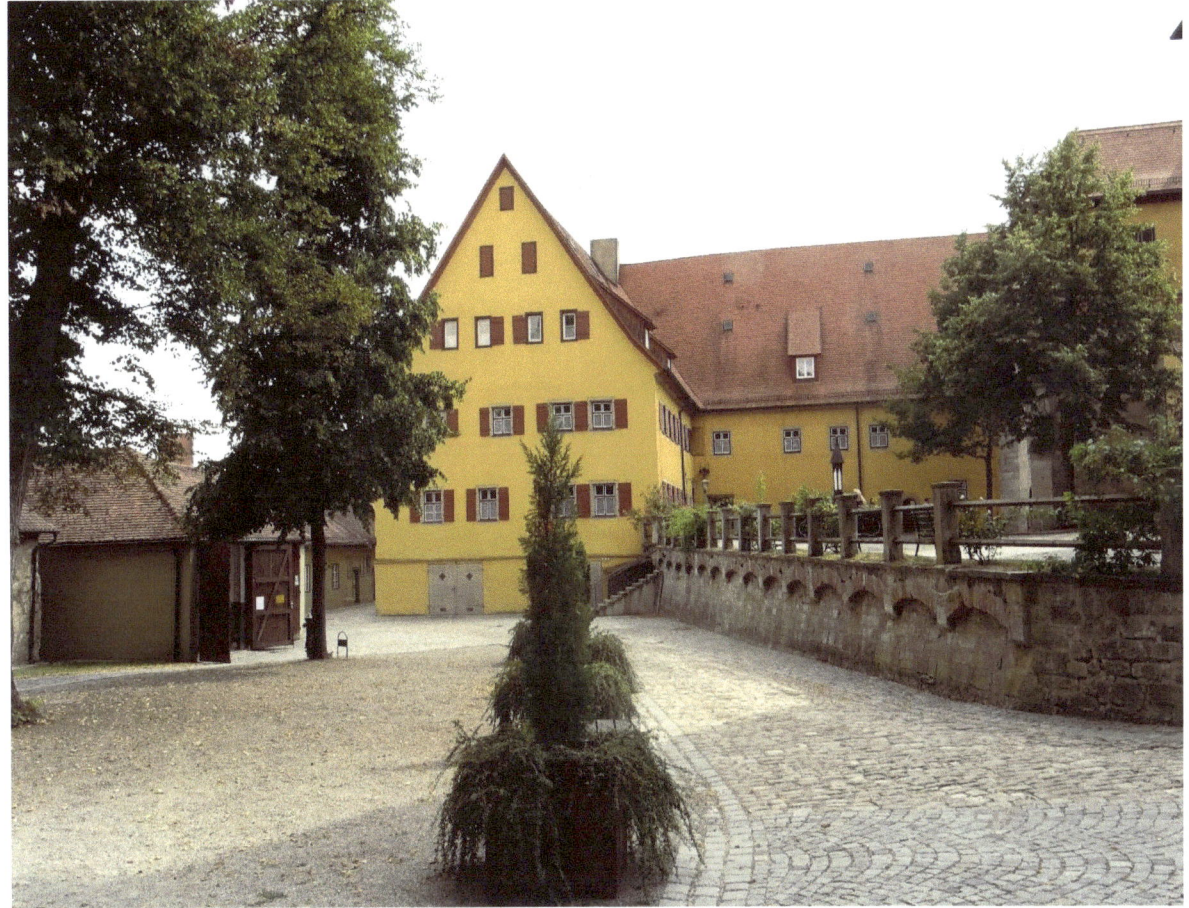

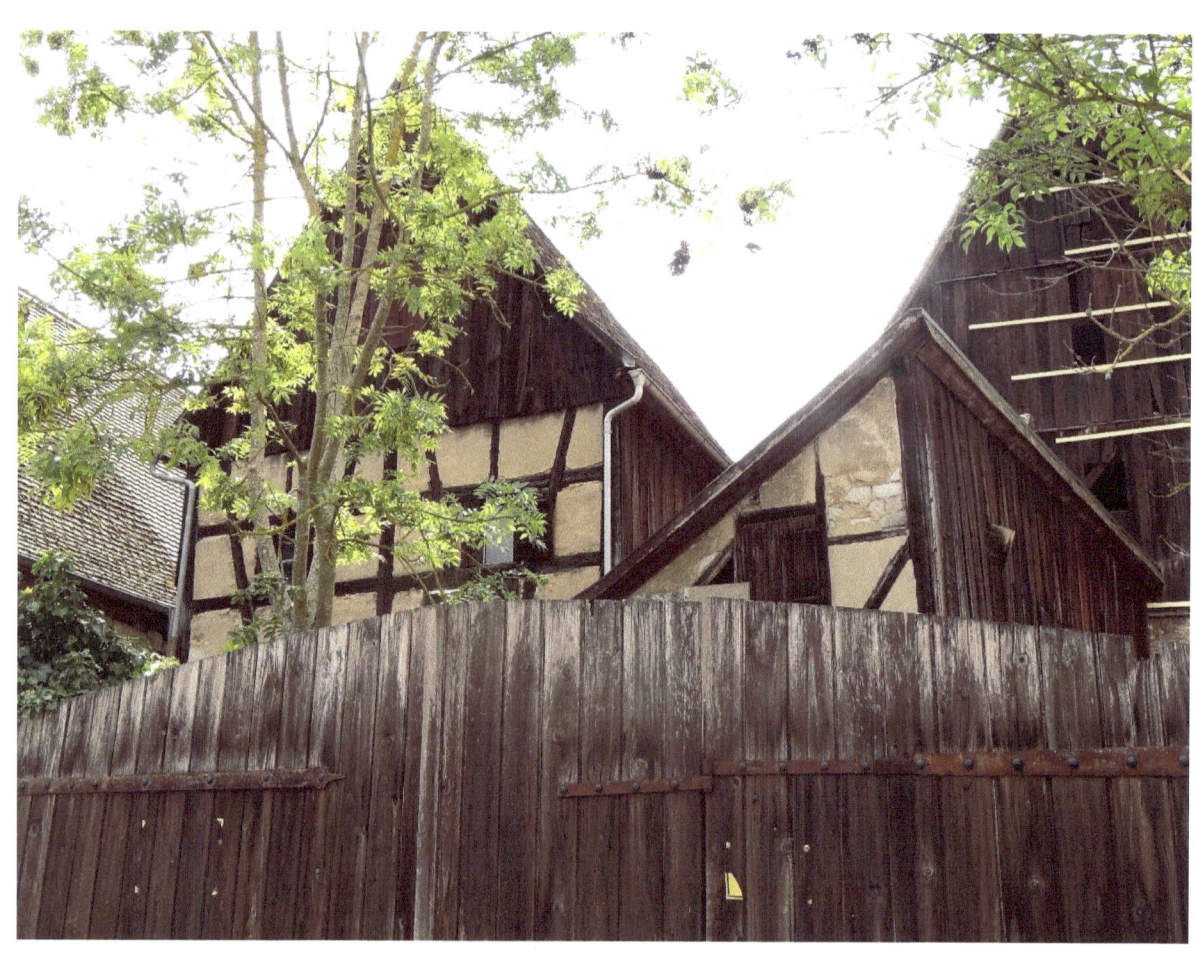

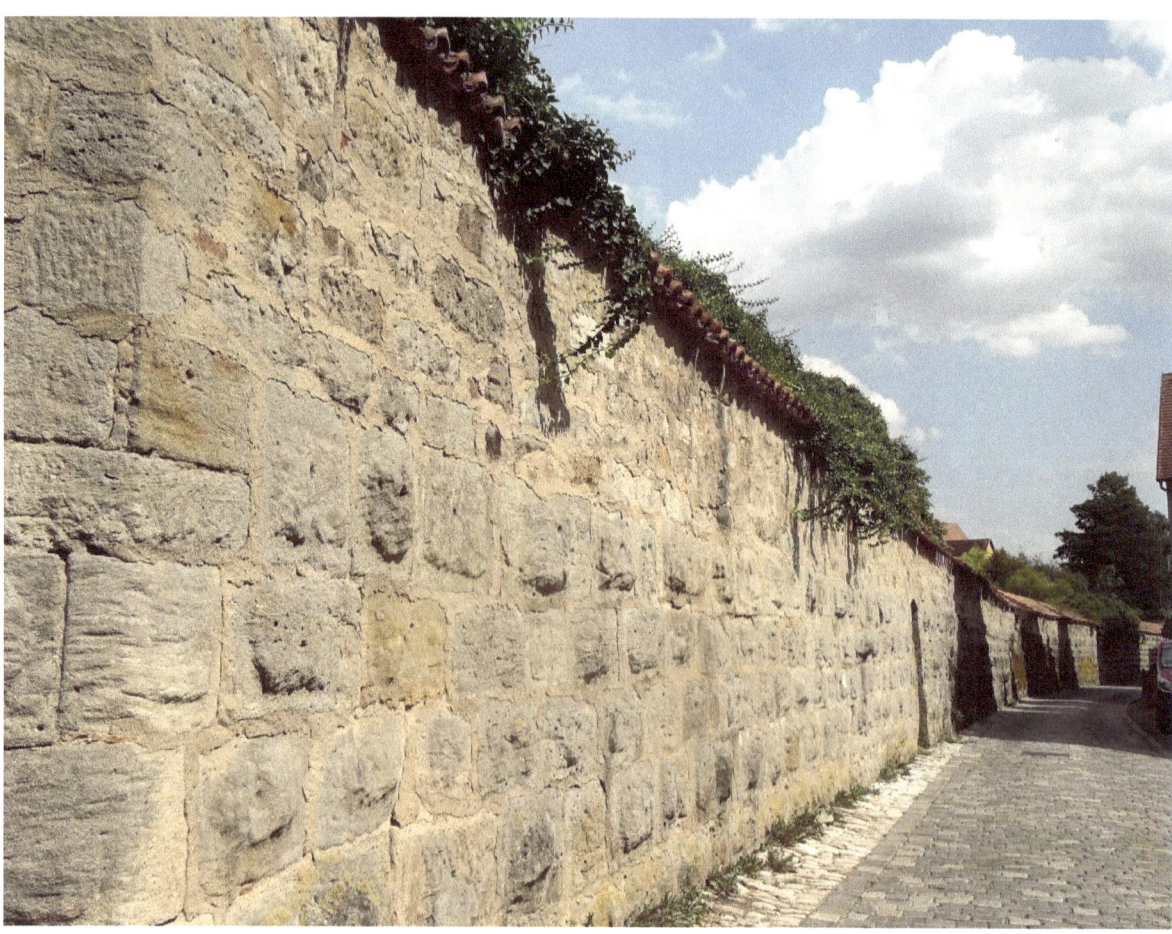

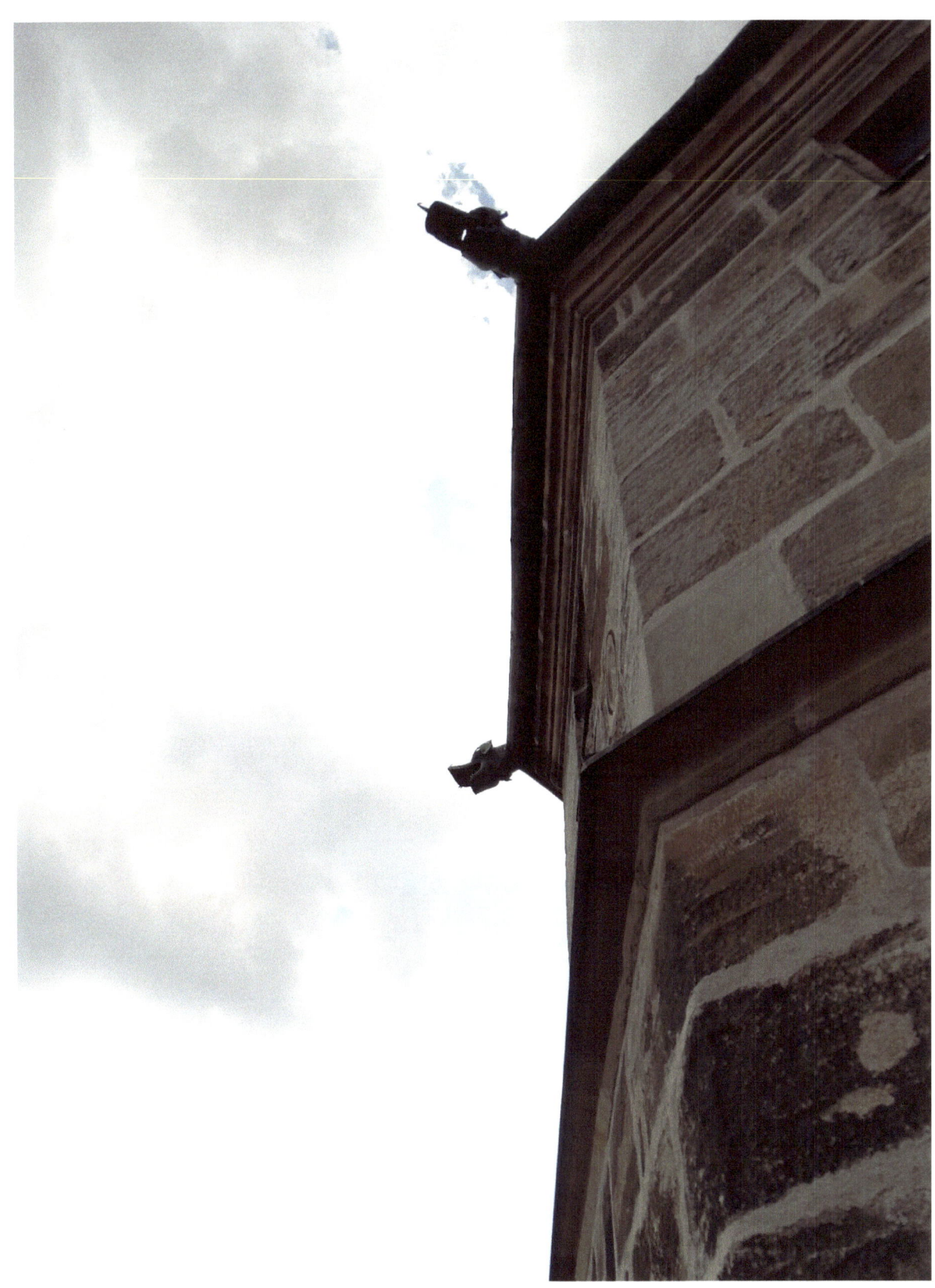

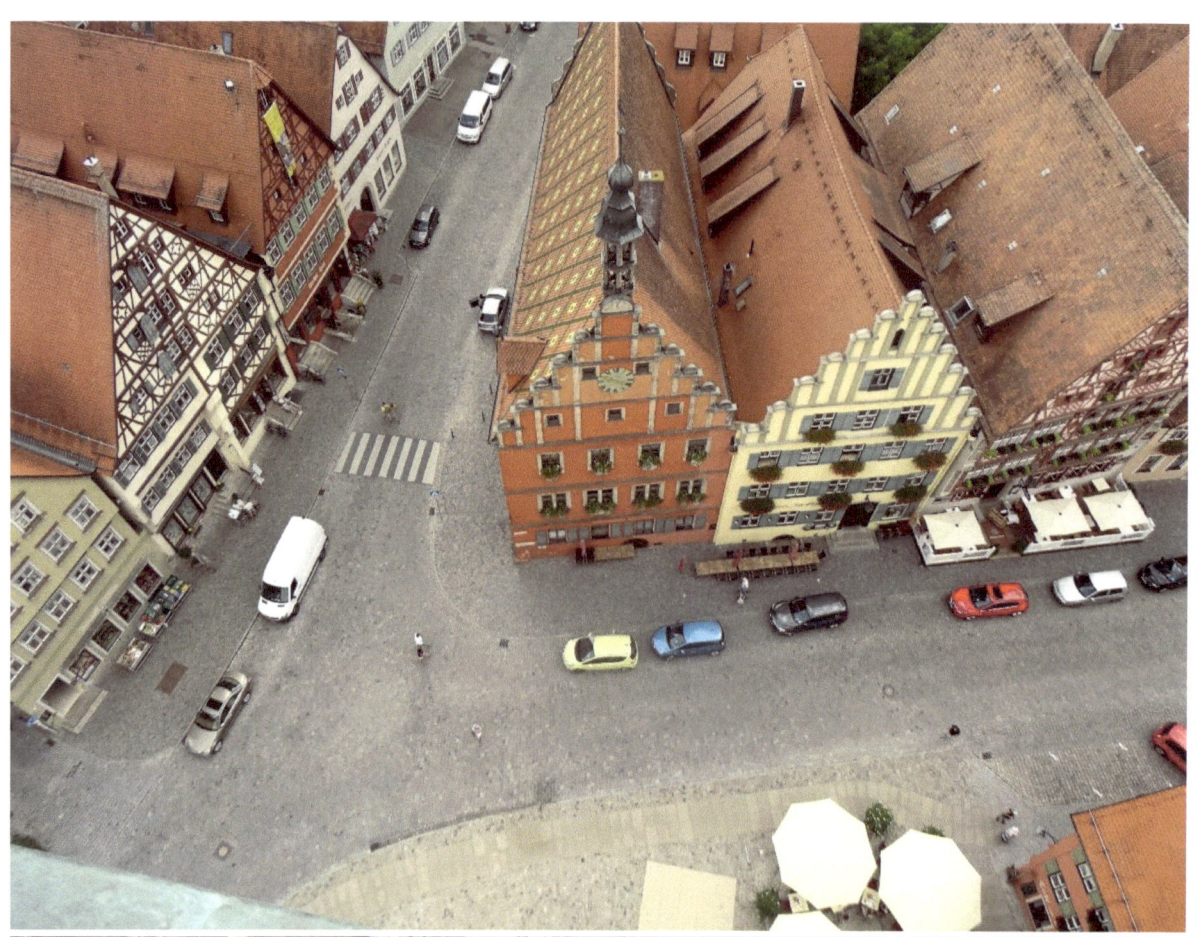
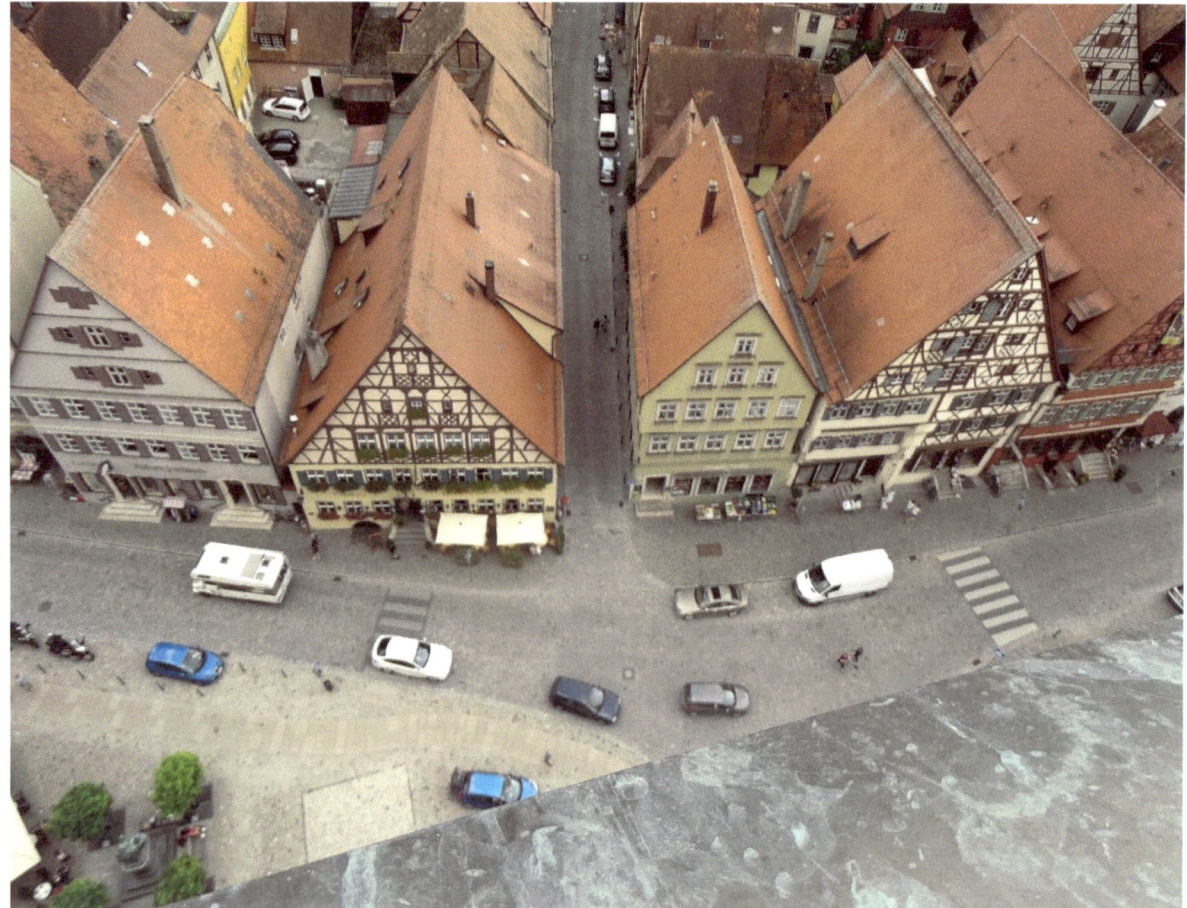

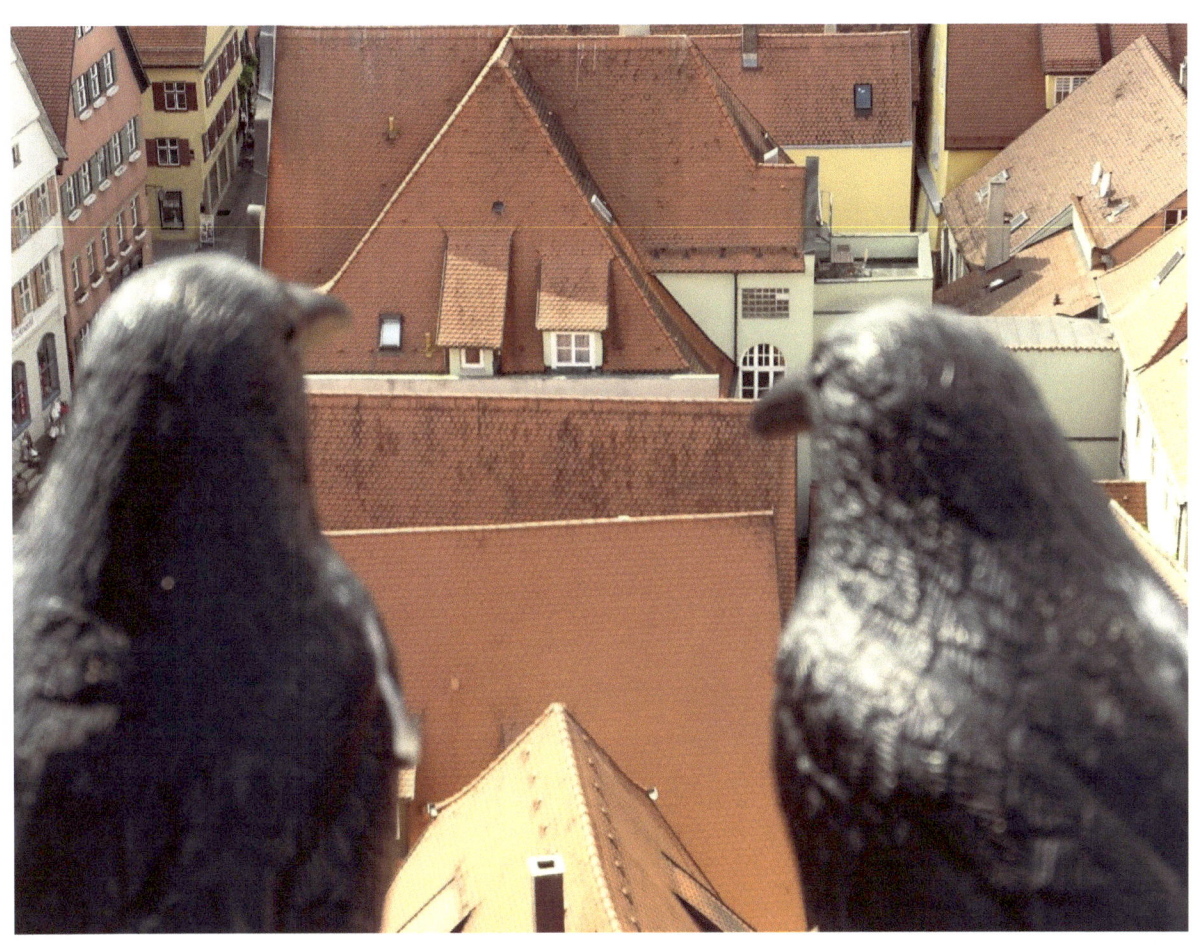
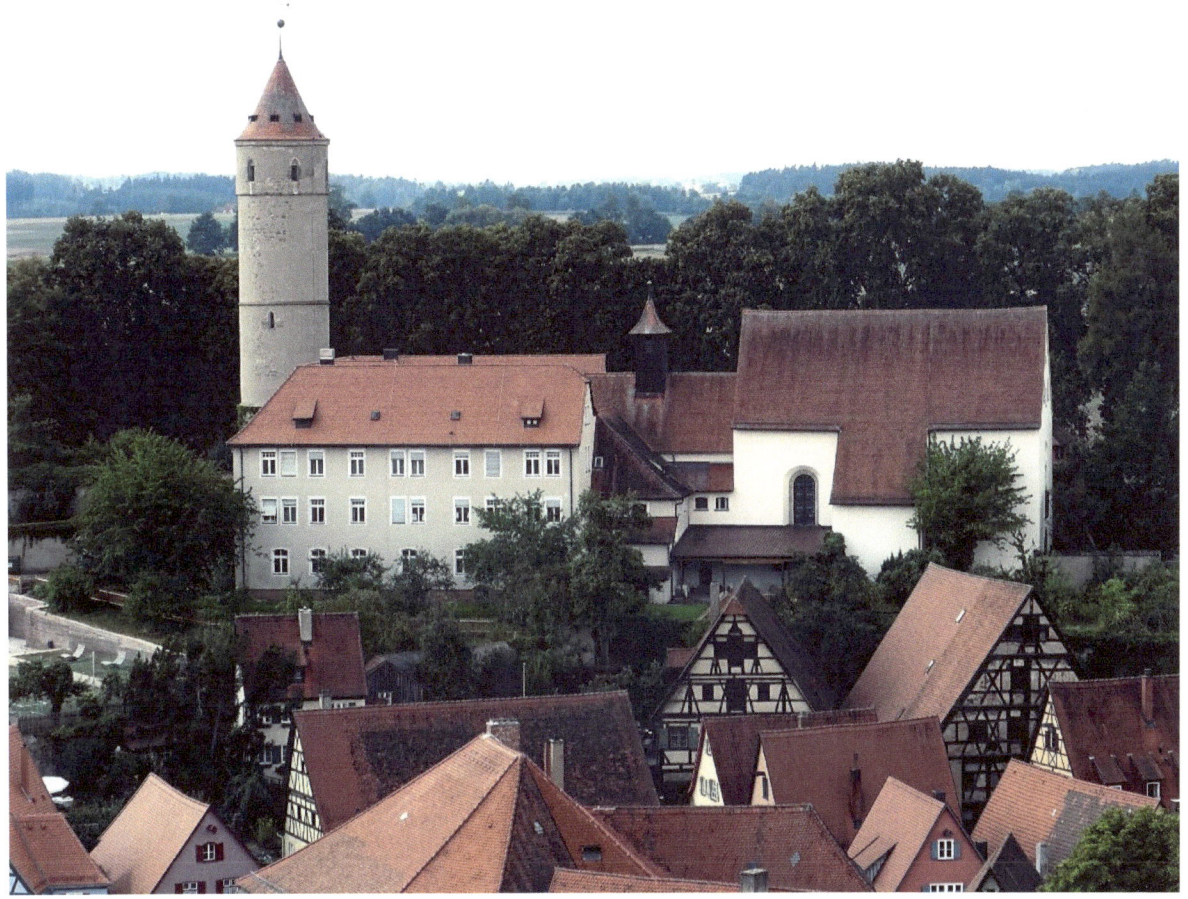

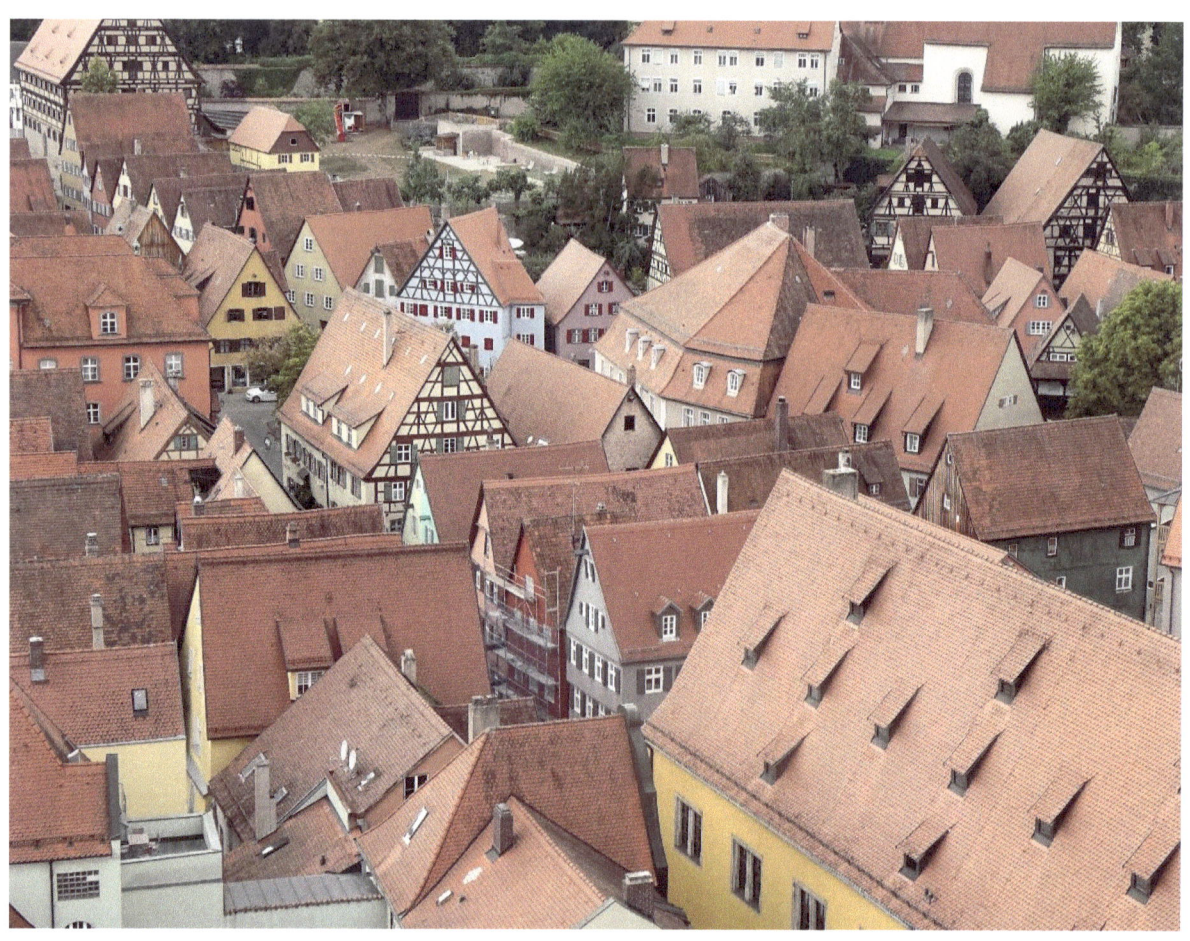
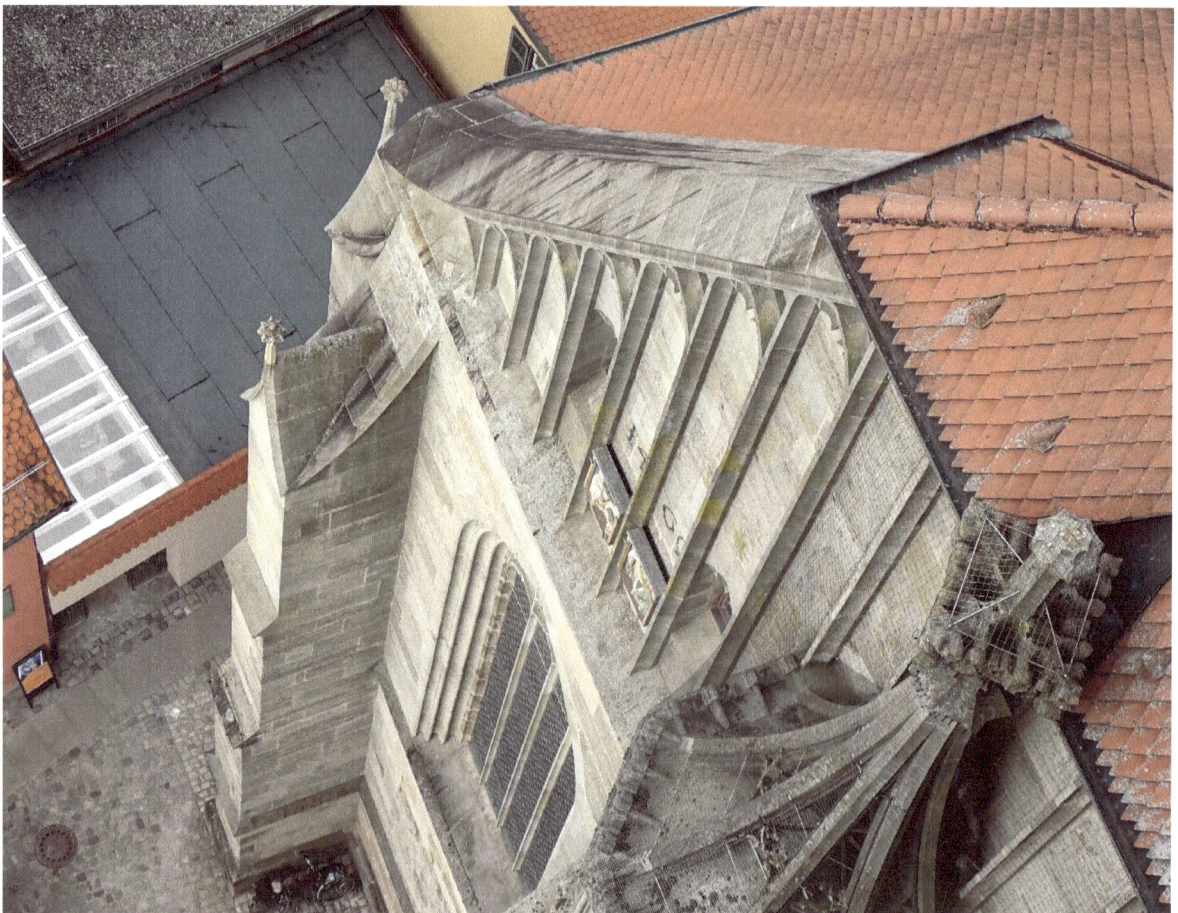

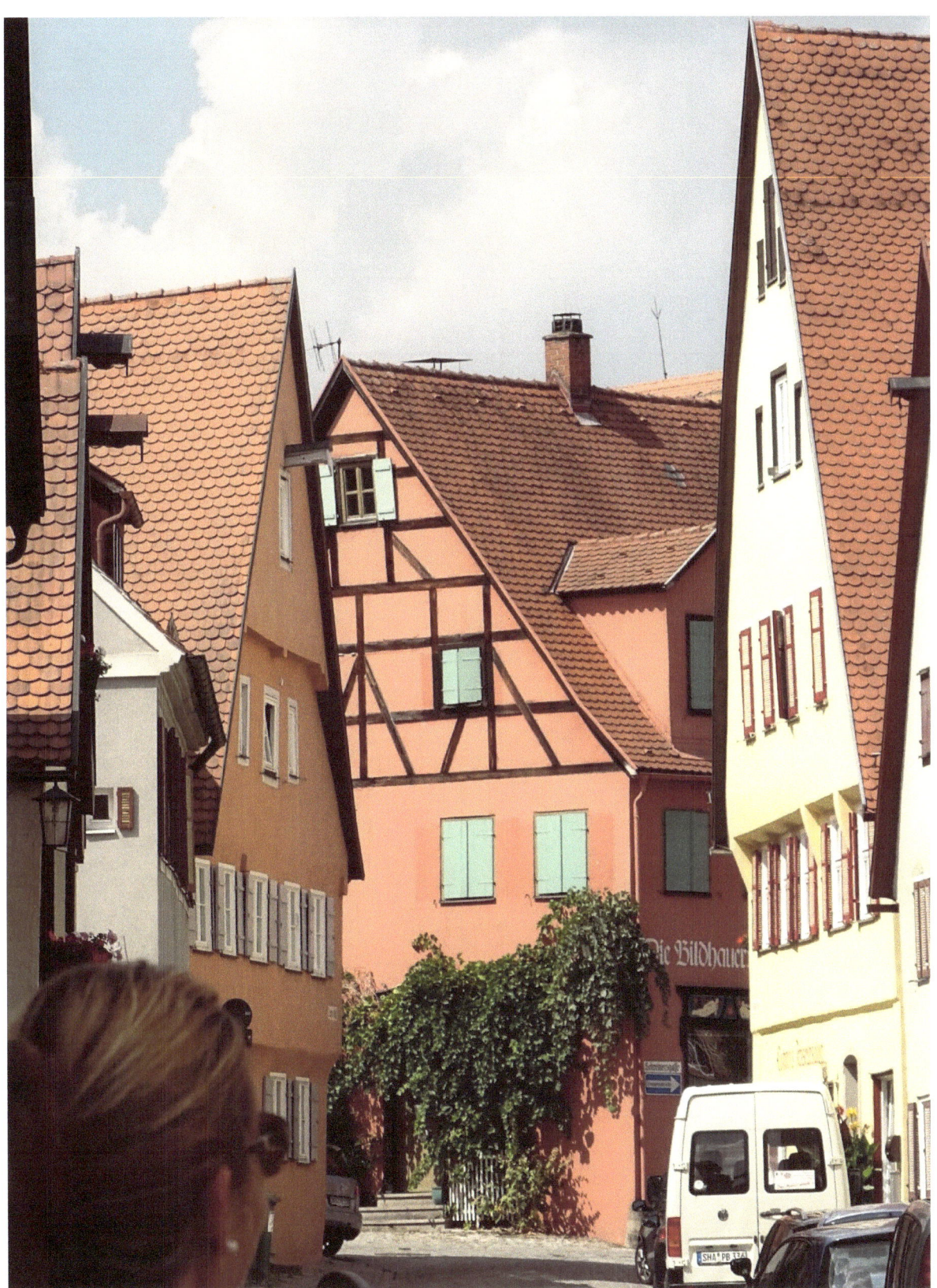

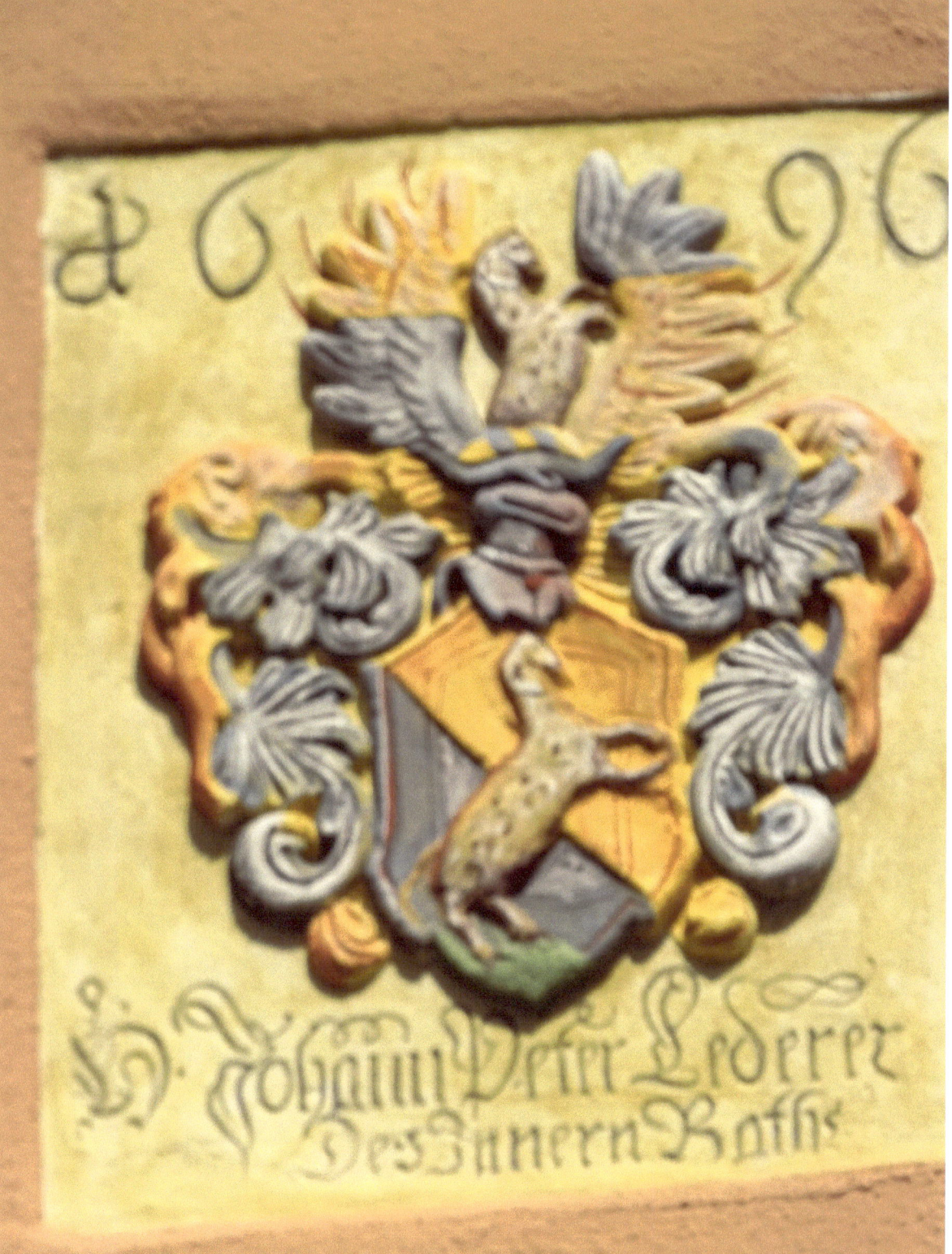

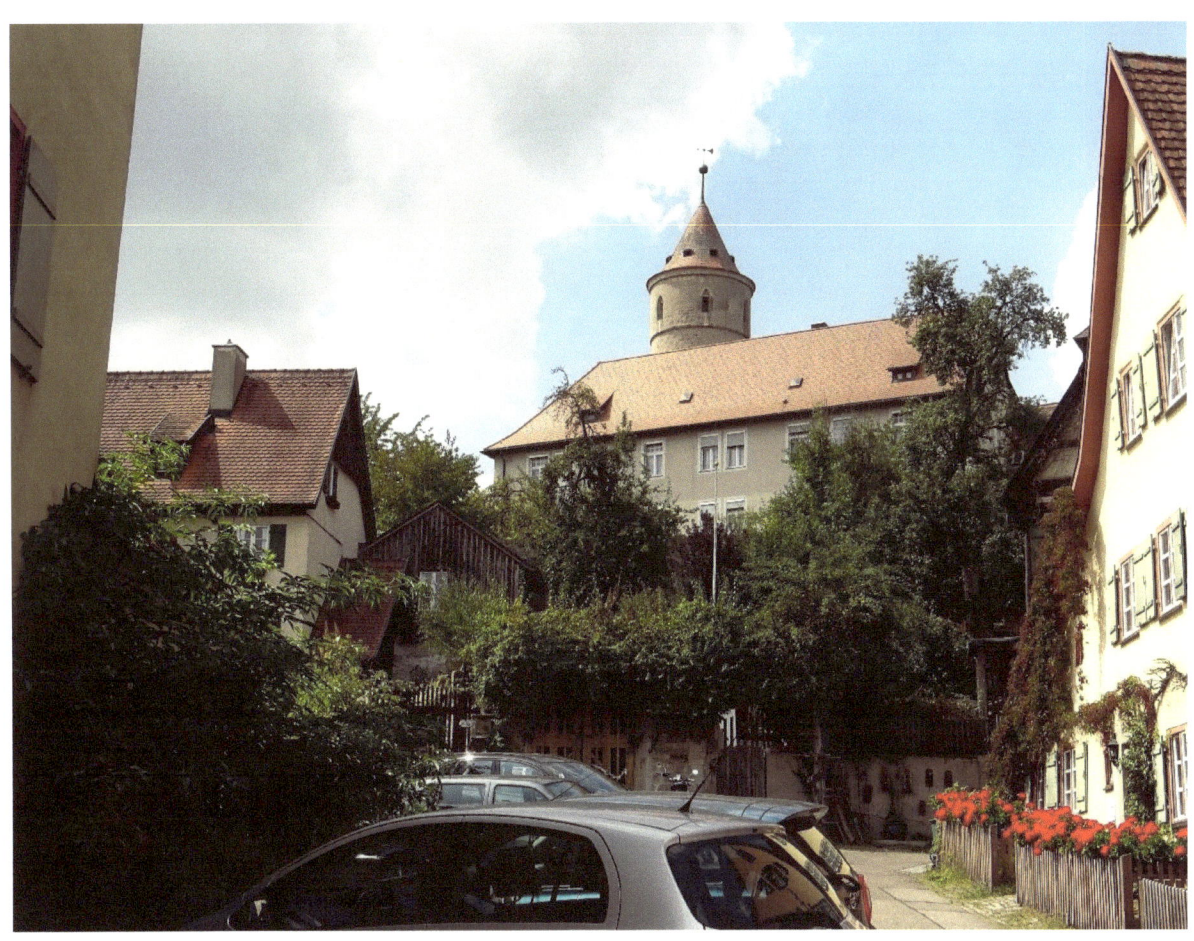
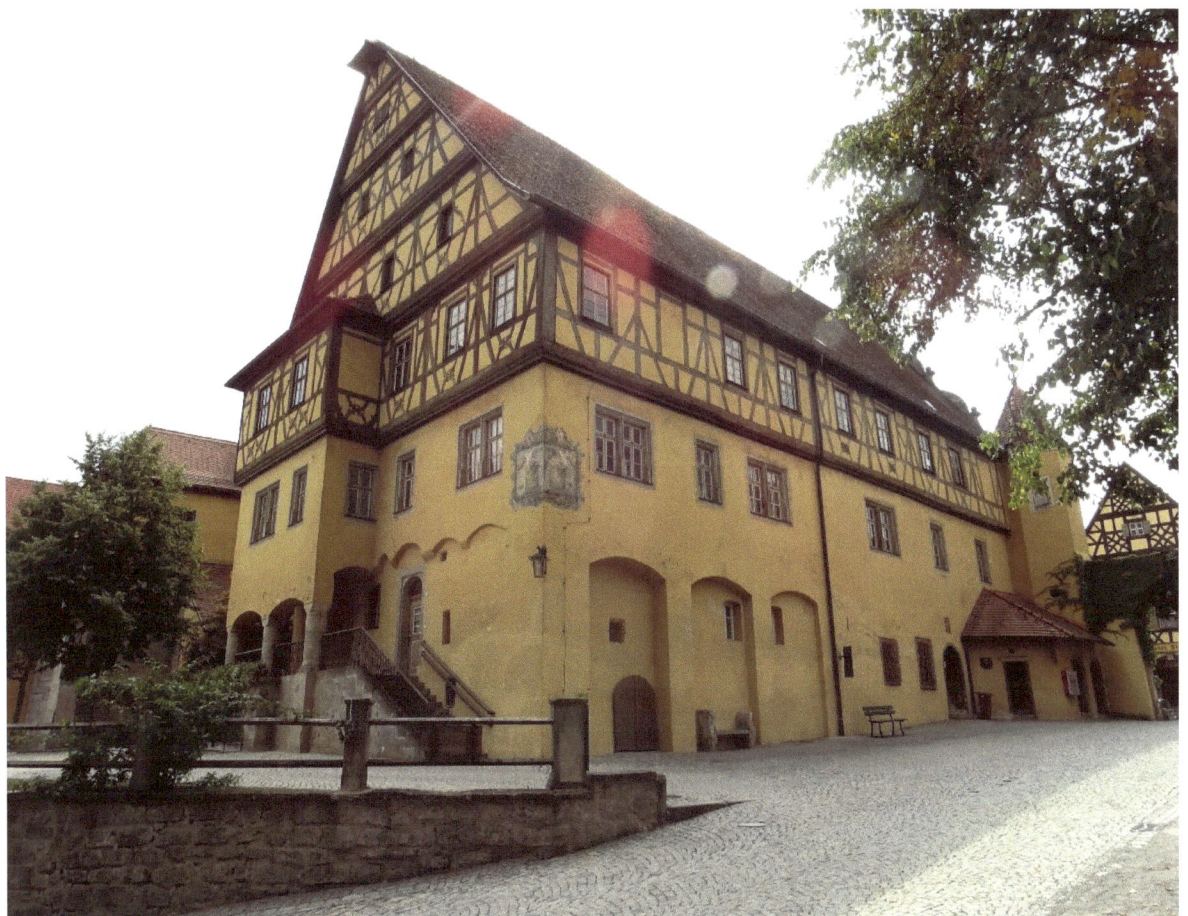

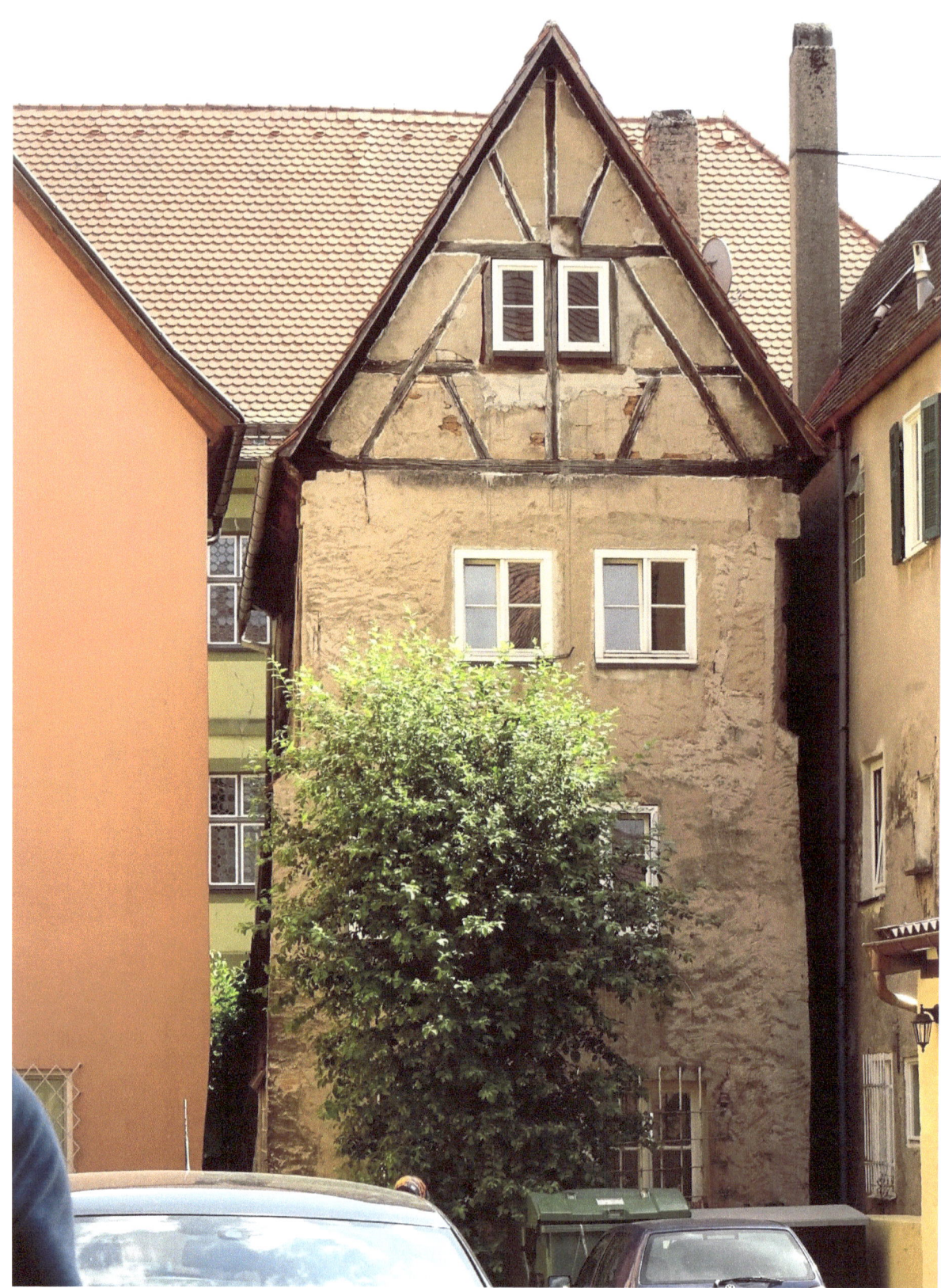

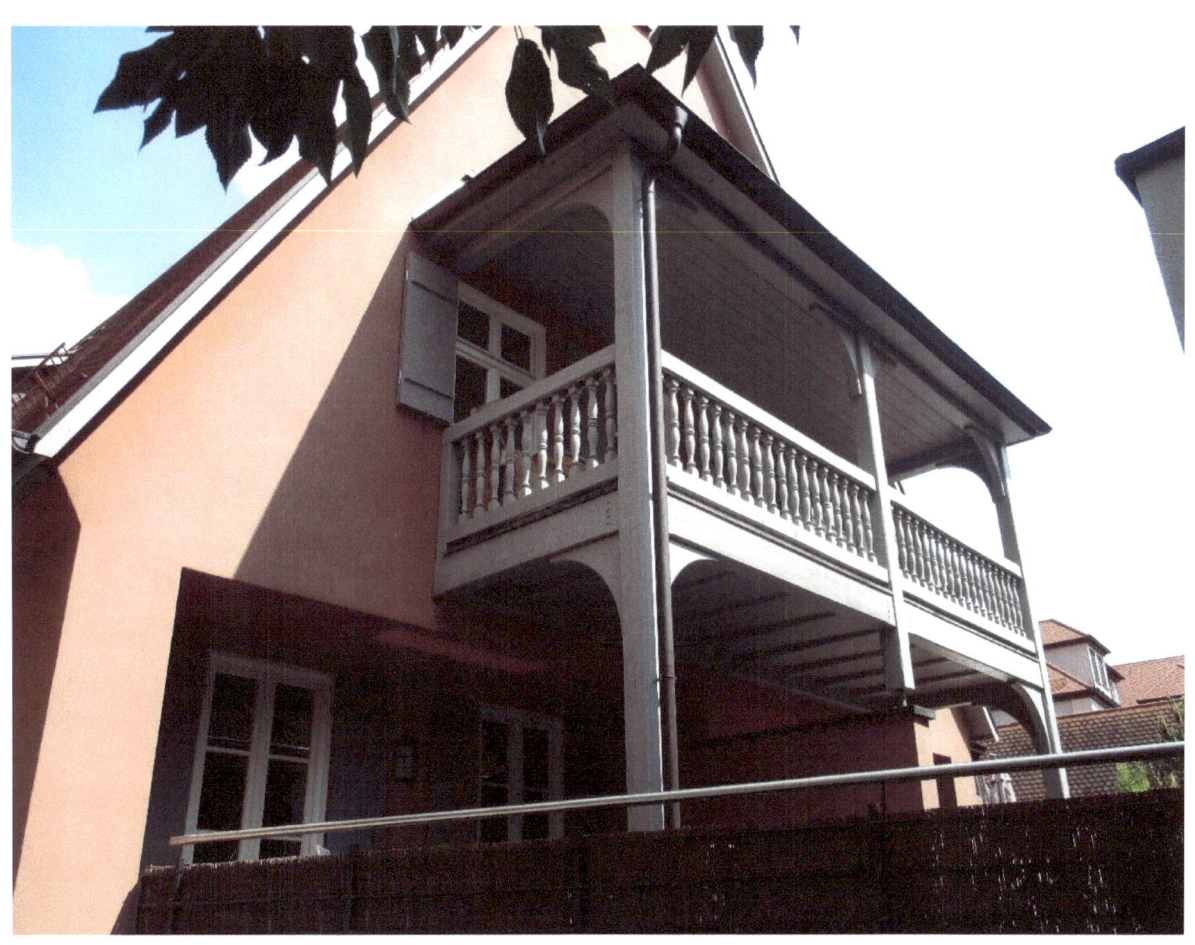
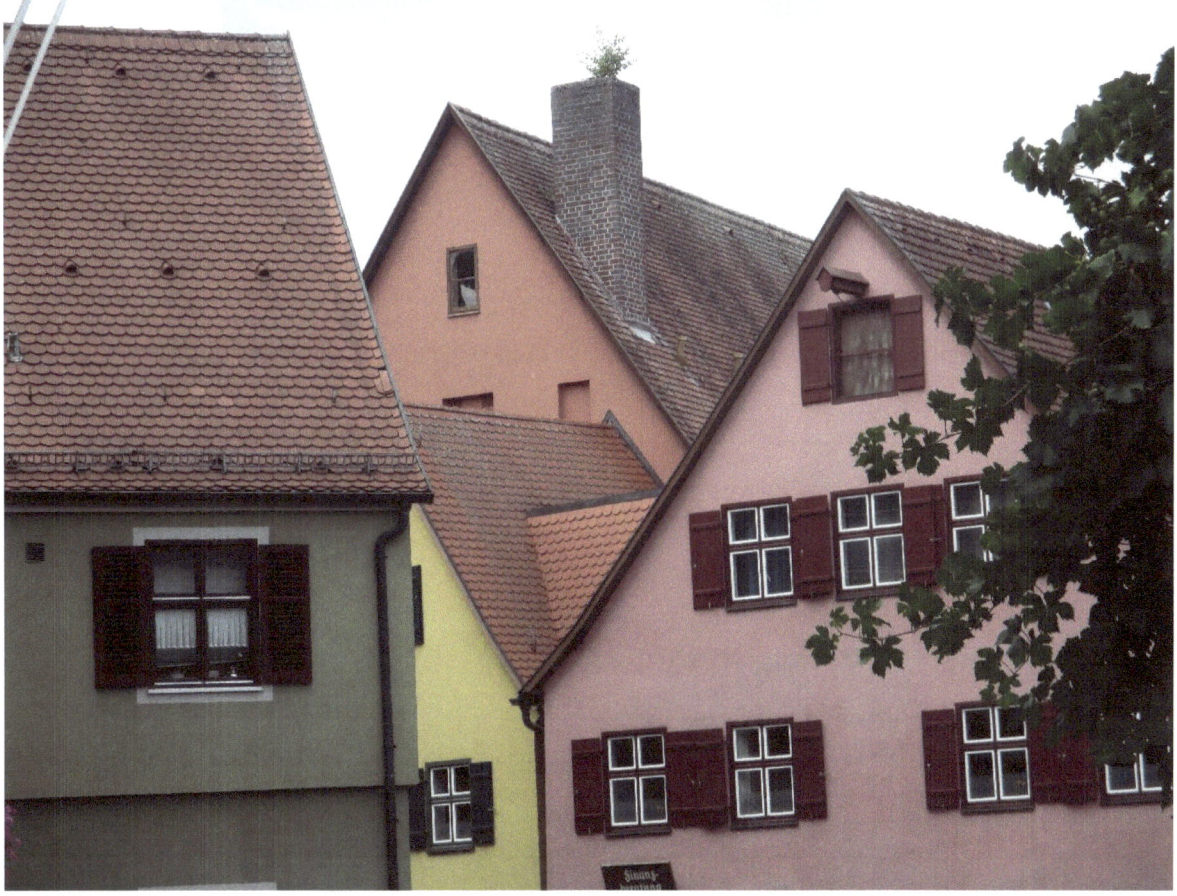

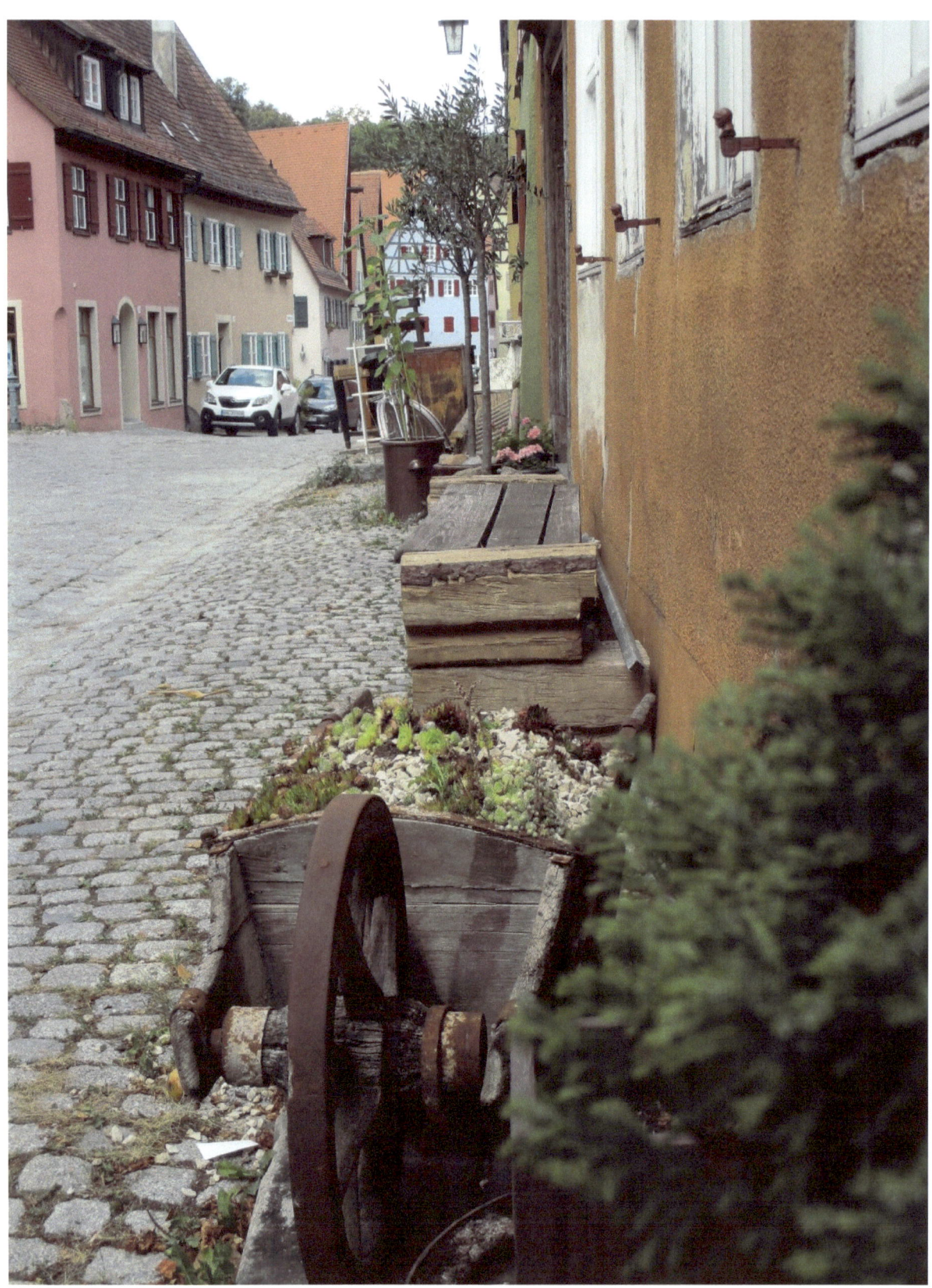

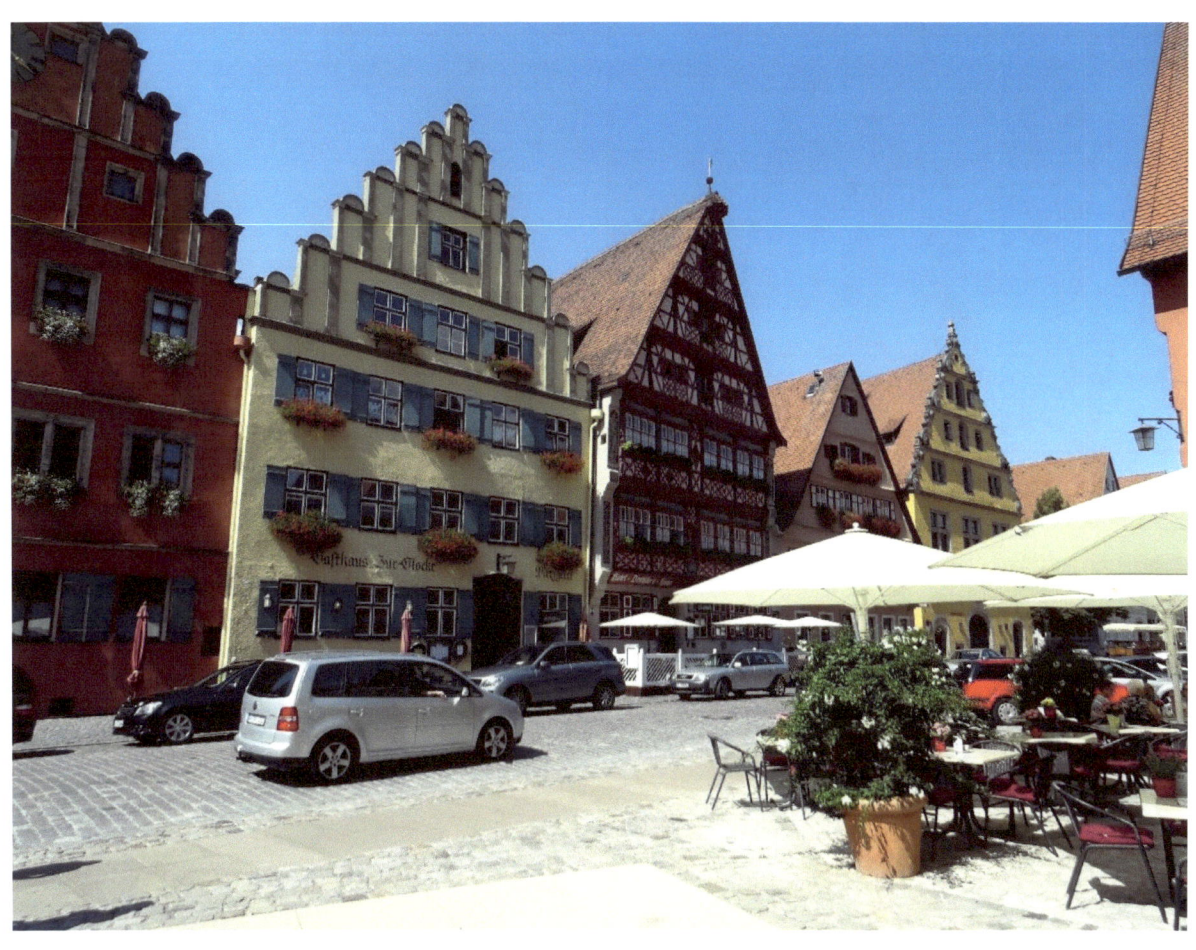
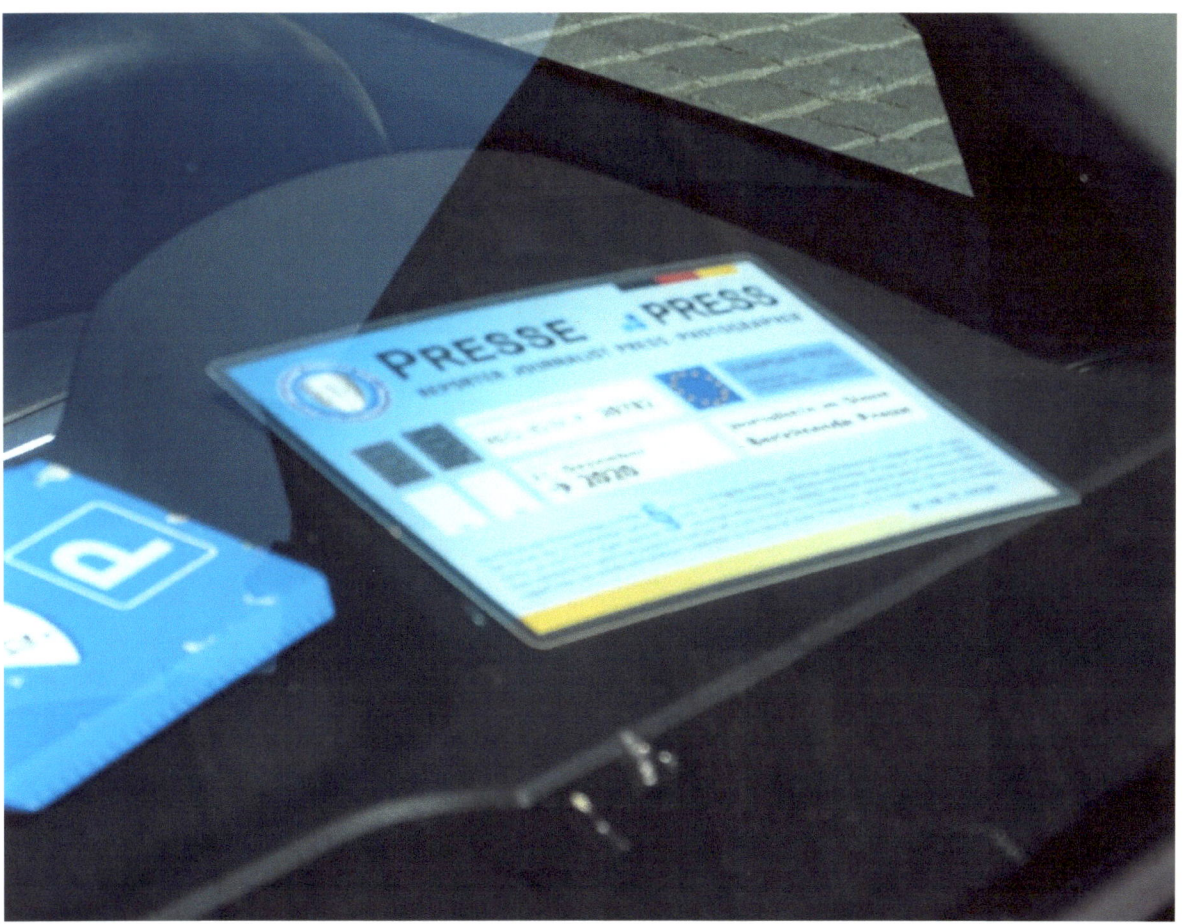

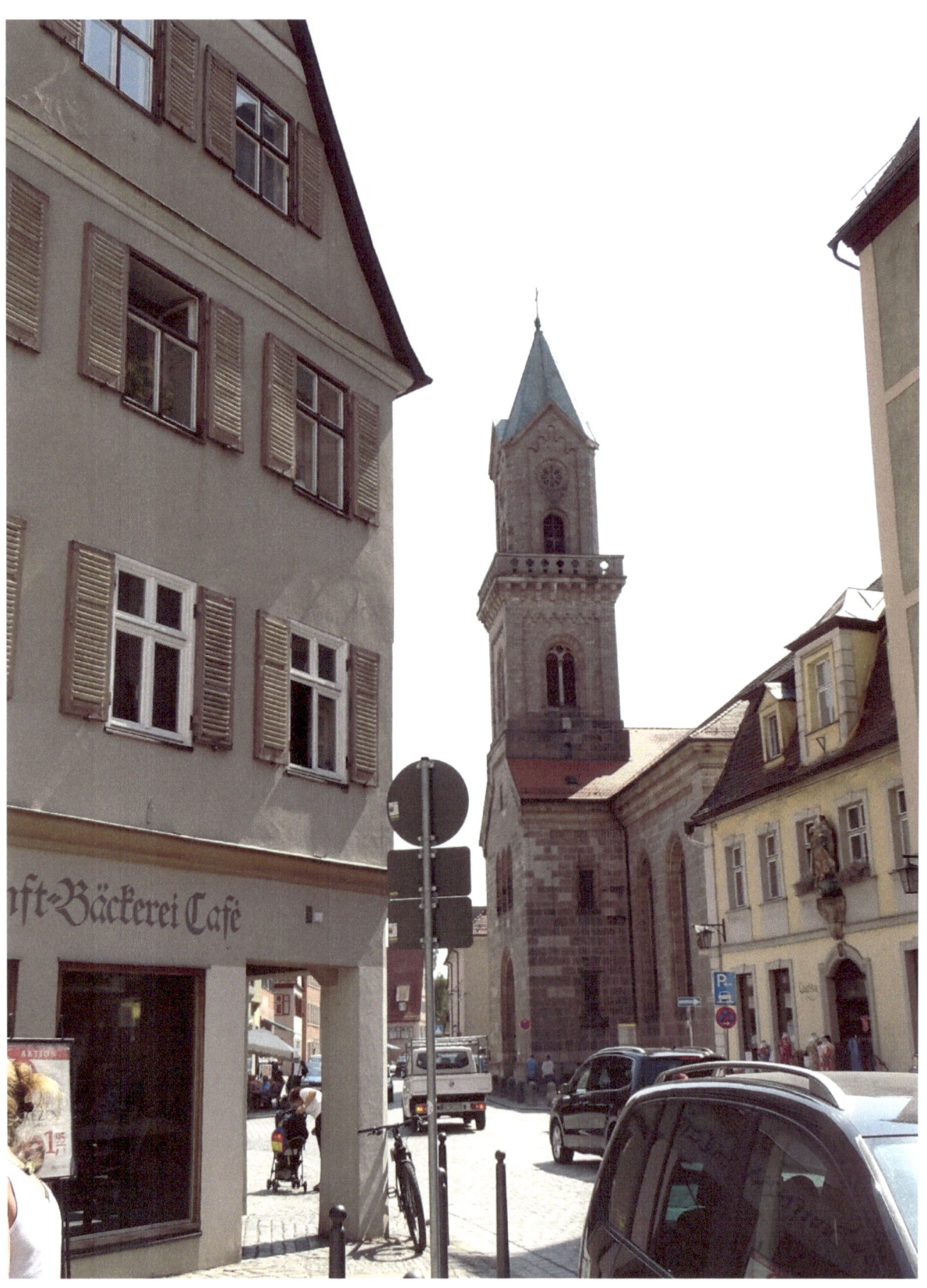

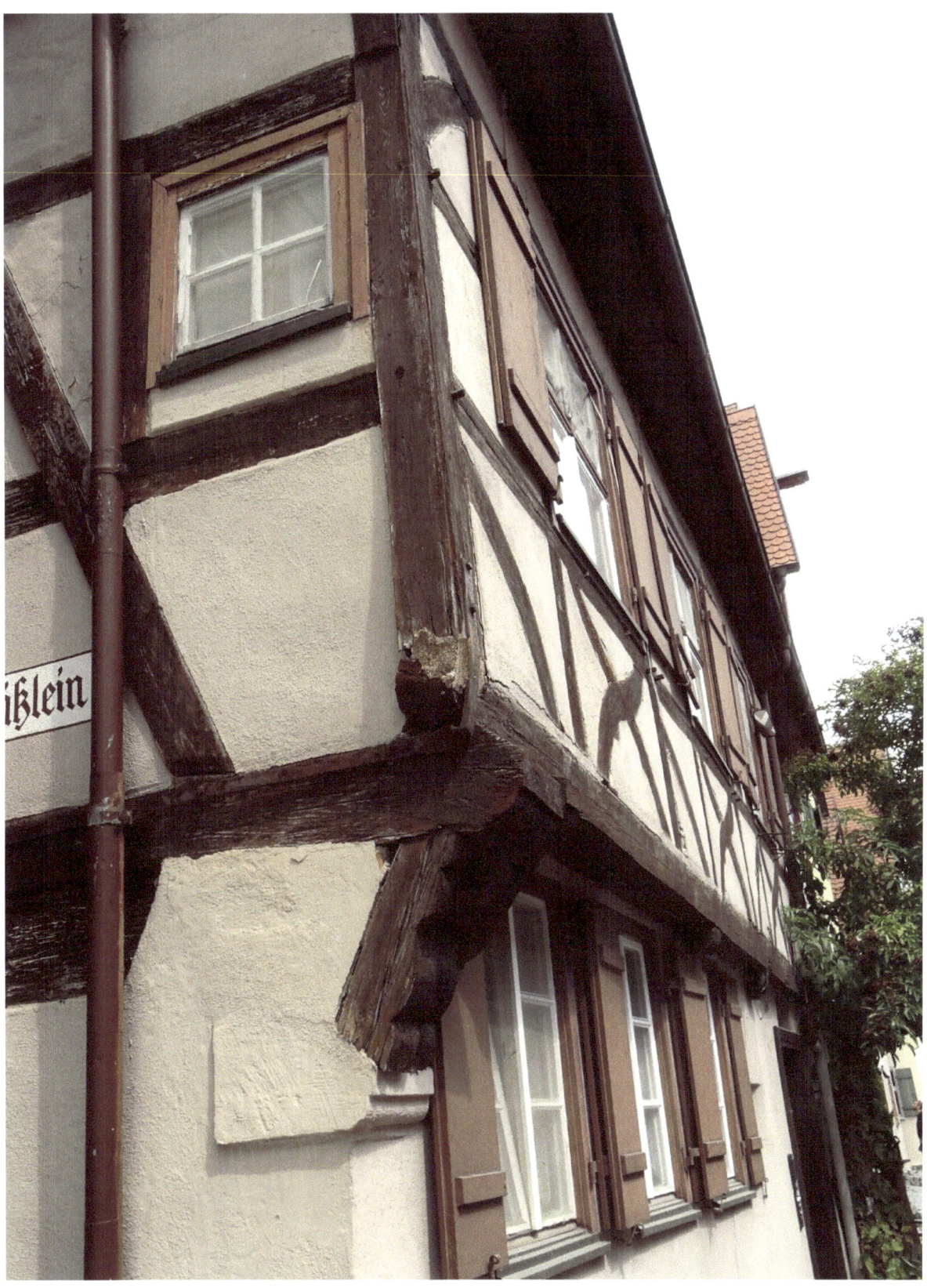

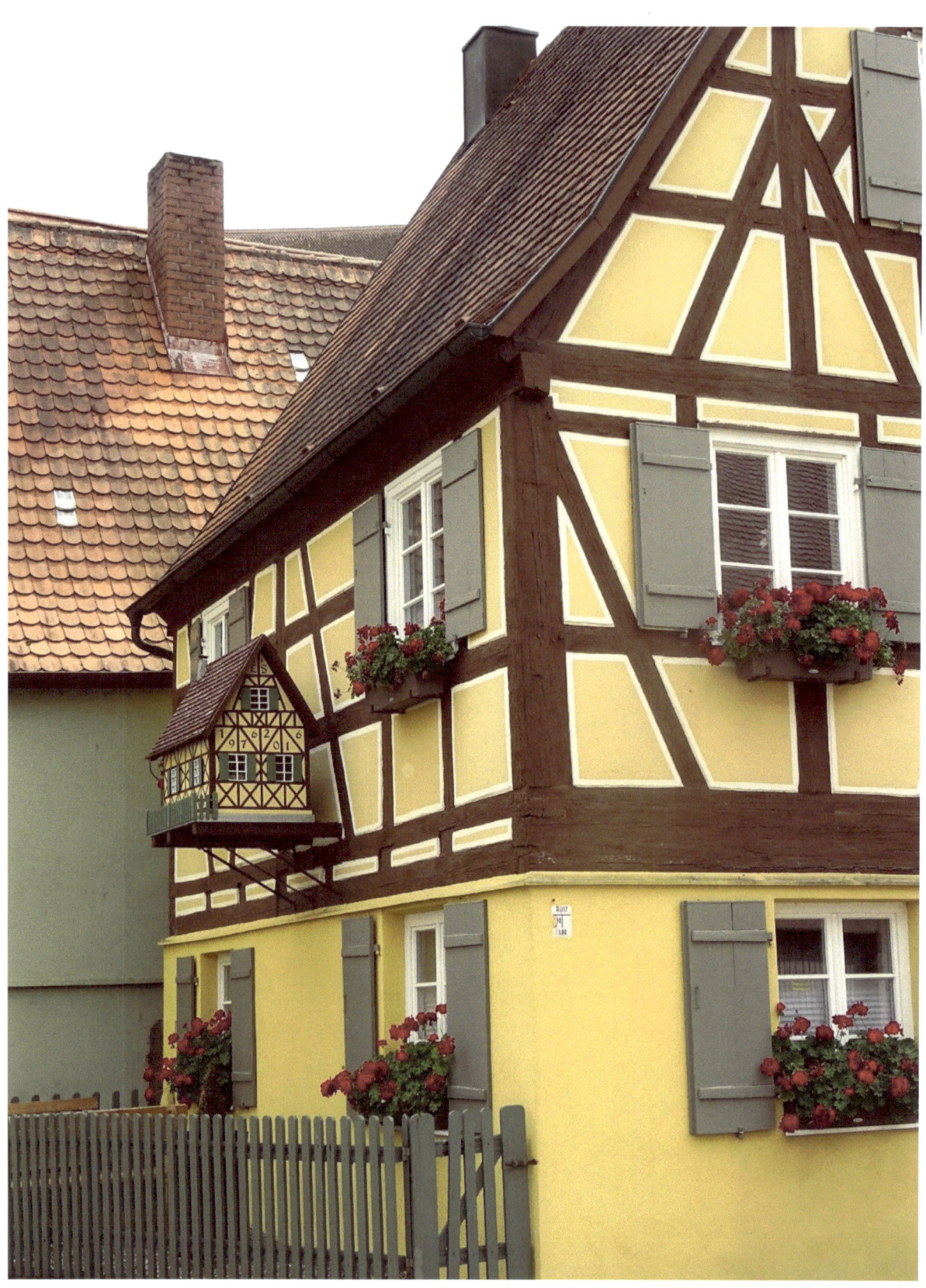

www.ingramcontent.com/pod-product-compliance
Lightning Source LLC
Chambersburg PA
CBHW040454220526
45473CB00004B/1634